Sin papeles: trascendiendo fronteras

Una novela de

Enrique Herrera

Dedico esta historia
a Dolores Herrera, mi esposa;
a Diana, Brenda y Breesa, mis hijas;
a Anthony y Jamie, mi hijo y su esposa,
y a Alexis, Mila y Markus, mis nietos.

Se la dedico a cada persona
con espíritu migrante:
a aquellos que han abandonado
su tierra natal sin haberse
distanciado de lo que los identifica.
Para aquellos que caminan
o hacen volar su imaginación
para trascender las fronteras.
A quienes han sucumbido, en agua o arena,
en busca de mejores suelos
para plantar sus pies.

Agradezco las respuestas a mis preguntas
proporcionadas por colegas y amigos de la
Sociedad de Escritores de Ciudad Juárez.

Y le agradezco a mi querido amigo,
José Vicente Ríos, por todo el tiempo que
pasó leyendo el manuscrito,
escribiendo el prólogo
y diseñando la portada.

Enrique Herrera

Varias vidas. Diferentes historias.

El mismo mundo.

Pequeños universos separados por finas líneas que el ser humano ha transformado en paredes insuperables, en fronteras.

Pero al igual que el viento se cuela a través de los barrotes de una valla, y va y vuelve sin pedir permiso, los sentimientos y los valores fluyen sin restricciones.

El amor, la fidelidad y el deseo de proteger un sueño obviarán cualquier ley vigente. Pero también la avaricia, el miedo, la envidia y el proselitismo.

Enrique, una vez más, es capaz de mostrar ese ramillete vivo y marchito con tanta simplicidad y cercanía que uno siente que forma parte de cada página de este libro.

Y lo hace, como siempre, condimentando el alma de cada historia con las gotas mágicas e incomparables de su redacción.

Querido Enrique, tu imaginación impredecible y el brillo de tus textos continúan trascendiendo fronteras.

José Vicente Ríos
Escritor y cantautor español.
jvrios.com

Introducción: un sábado por la mañana

Era un sábado por la mañana cuando él comenzó a elaborar esta historia.

Después del mediodía, abandonó temporalmente su proyecto, porque cuando volvió a leer los primeros párrafos, no quedó satisfecho con lo que había escrito.

Sus primeros intentos por dar firmeza a los textos iniciales de la obra no le daban la oportunidad de seguir contando sobre papel lo que había planeado originalmente a lápiz.

Mi querido amigo, todavía nuevo en las labores del lápiz, hacía todo lo posible para que sus historias comenzaran bien. Pensaba que el inicio era la parte más poderosa de cualquier buena historia.

Imprimía todas sus ideas, prefiriendo leer en papel en lugar de en pantalla. Gran parte de lo que él comenzó a elaborar hasta que comencé a narrar esto, terminó en el mismo depósito de basura donde acababa la mayor parte de lo que intentaba construir Enrique Herrera.

Después de suspender temporalmente el "empuje del lápiz", se dedicó a actividades que consideraba de menos importancia: fue de compras a un centro comercial cercano a su hogar; luego, barrió el patio de su casa y siguió con la limpieza del interior de su automóvil, estacionado en la rampa que conducía al garaje.

Al pasar la aspiradora por las vestiduras y el piso, encontró un elegante anillo de diamantes junto al asiento del pasajero. Lo tomó, lo examinó con curiosidad y se preguntó cuándo y quién habría podido perder una joya tan hermosa sin reclamarla después.

Desde que había adquirido ese Toyota, hacía años, solo él y su esposa lo conducían, y sus hijos viajaban con ellos únicamente de vez en cuando. Por lo tanto, pensaba que nadie más había estado dentro del vehículo y, hasta esa tarde, nadie había preguntado por un anillo perdido.

Su esposa no usaba joyas de lujo. Lo único que llevaba en el dedo anular de su mano izquierda era un anillo dorado de matrimonio que no se quitaba ni para dormir. "El anillo de diamantes no puede ser de ella", pensó.

Dejó de limpiar el auto y entró a su casa. Iba a su oficina. Mientras subía las escaleras, metió la mano donde llevaba la joya, en el bolsillo de su pantalón. Tenía una pequeña caja con tarjetas de visita en su escritorio, y ahí puso el anillo. Luego, se dedicó a escribir un nuevo comienzo para esta novela.

Angélica era una mujer excepcional

Angélica Andrade vivía en Ciudad Juárez, una metrópoli en la frontera entre Estados Unidos y México.

Su marido, Armando García, era un ingeniero en electrónica de renombre, propietario y administrador de una de las maquiladoras de más rápido crecimiento en Juárez en los últimos años, Makila S.A., una planta donde se ensamblaban productos electrónicos. La empresa empleaba a un gran número de trabajadores, más mujeres que hombres.

Makila S.A. mantenía relaciones comerciales con dos distribuidoras de productos, una con sede en El Paso, Texas, y otra en Los Ángeles, California.

Ambas compañías suministraban materias primas, insumos técnicos y capital a Makila, la cual ensamblaba los productos, los empaquetaba y enviaba todo de regreso a los Estados Unidos para su distribución.

La pareja tenía tres hijos: Ronda, de dieciséis años; Brandy, de catorce, y Samuel, de once, que asistían al Instituto Franklin, una escuela privada donde la enseñanza era bilingüe, en inglés y español.

Angélica solía decir que su familia llevaba una vida simple, pero la familia García gozaba de bienes y servicios típicos de una clase social acomodada. Eran dueños de una casa en una zona exclusiva de la ciudad, tenían tres coches, dos SUV y un deportivo, además de una empleada en casa, y mantenían membresía en el Country Club de Ciudad Juárez. También tenían acceso a todo tipo de servicios de cuidado personal: estilistas, sastres y diseñadores de ropa.

Los García era una familia que socializaba, casi exclusivamente, dentro de un círculo de muchos amigos que, como ellos, disfrutaban de un alto nivel socioeconómico. No solo tenían amigos en Ciudad Juárez y otras ciudades cercanas en el norte de México, sino que también tenían muchas amistades estadounidenses en El Paso. Los niños de los García también tenían amigos en Ciudad Juárez y en El Paso, Texas.

Antes de casarse con Armando, Angélica había sido una modelo internacional conocida por su trabajo en ambos lados de la frontera. Promocionaba artículos femeninos y de belleza: bolsos, lentes polarizados, maquillaje, fragancias y ropa de la alta costura y de Christian Dior. A sus casi cuarenta, Angélica aún lograba que todos los hombres —y algunas mujeres— se volvieran a admirarla cuando pasaba por la calle. Su imagen de mediana estatura, cuerpo escultural y un largo cabello rubio la hacían lucir impresionante en los diferentes medios que publicaban sus fotografías. Tenía admiradores tanto en México como en la Unión Americana. El número de sus amigos virtuales crecía día a día en Facebook, y tenía cientos de seguidores en Twitter.

Angélica abundaba en cuidados para su marido e hijos. Y dedicaba el tiempo necesario al cuidado personal. Se mantenía en excelente condición física, contaba con la ayuda de un fisico-culturista y asistía a sesiones de masaje corporal y facial. Siempre lucía una tez fresca y natural, y una sonrisa estelar.

Angélica trataba de mantener el clóset de su esposo bien organizado: una torre de madera llena de zapatos en una esquina, trajes y chaquetas al extremo derecho de un largo perchero y camisas de todos los colores imaginables en el lado izquierdo. También mantenía los clósets de sus hijos en un orden meticuloso.

Angélica prestaba atención especial a mantener los uniformes de la escuela de sus hijos en condiciones impecables.

Cuando algo no iba bien entre ella y Armando, trataba de encontrar el lado amable y el aspecto suave de cualquier situación problemática, e intentaba suprimir cualquier sentimiento negativo asumiendo actitudes positivas.

Otra mujer extraordinaria

Arisis Robles vivía en Rosarito, Baja California. Era una mujer joven que hubiese querido casarse con Miguel Moreno, el primer amor de su vida. Conoció a Miguel poco después de que la naturaleza le anunciara que ya no era una niña. Pronto se enamoró de él, justo antes de cumplir quince años. Miguel había sido el coreógrafo del vals que Arisis bailó en su fiesta de Quinceañera.

Aunque los padres de Arisis solo contaban con casa propia y otros recursos moderados, para la fiesta de Quinceañera rentaron El Exclusivité, un salón para eventos especiales ubicado en Playas de Rosarito. "Nuestra hija será presentada a la sociedad como debe ser, amor. No importa si nos endeudamos, cariño", decía en múltiples ocasiones don Arnulfo, el padre de Arisis.

Don Arnulfo era el guardia personal del alcalde de la ciudad. Siempre iba armado.

La fiesta de Quinceañera de Arisis resultó todo un espectáculo musical donde la homenajeada, sus damas de honor y los acompañantes varones bailaron el tradicional vals *Danubio Azul* y dos piezas de música regional. Después del vals, hubo cena y barra libre.

Esa fiesta duró hasta pasada la medianoche. Terminó con música electrónica que tocó un DJ contratado que, como colofón, hizo sonar un popurrí de canciones de mariachi.

Durante la fiesta, don Arnulfo comenzó a sospechar que Arisis tenía relaciones amorosas con Miguel.

Días después, al confirmar sus sospechas, intentó poner fin a esa relación. Habló con su hija, pero ella quería seguir viendo a Miguel, y no podía entender cómo su padre, quien decía quererla tanto, no le permitiría seguir viendo al hombre que amaba.

Cuando don Arnulfo pensó que no iba a convencer a su hija de no ver más al coreógrafo, decidió tratar de convencer a Miguel, pistola en mano, de terminar la relación. Después de escuchar las amenazas de muerte de don Arnulfo, Miguel dejó a Arisis.

Dos semanas después, partió hacia los Estados Unidos. No podía estar cerca de quien tanto amaba, sin poderla ver.

Pasaron meses hasta que Arisis decidió olvidarse de Miguel, pero conoció y aceptó la amistad de Ramón González, un jugador del equipo Escualos de Rosarito, club de fútbol capitaneado por el hermano mayor de Arisis. Ramón era uno de los jugadores más destacados de esa escuadra. El día en que Arisis conoció a Ramón, él marcó dos goles, dando la victoria a Escualos con un marcador de dos goles a uno.

Arisis huyó de su casa para unirse a Ramón; cuando estaba cerca de cumplir los diecisiete años y con un embarazo de cuatro meses.

Durante muchos años, Arisis, Ramón y su familia vivieron modesta pero cómodamente en Rosarito, una ciudad bajacaliforniana, turística, bañada por el Océano Pacífico.

Fue allí donde Ramón, desde temprana edad, comenzó a trabajar en un taller donde aprendió mecánica, reparación de carrocería y pintura de automóviles. En poco tiempo, se convirtió en uno de los mejores mecánicos de la ciudad y se le

conocía ampliamente como uno de los hojala-
teros más finos del área.

Ramón amaba mucho a su familia. Los fru-
tos de su trabajo le proporcionaban todo lo necesario para llevar una vida cómoda, sin preo-
cupaciones financieras.

Arisis, sin embargo, consideraba a Ramón
únicamente como su mejor amigo, porque a pesar de que habían pasado años desde que Miguel la había dejado y a pesar de que había hecho esfuerzos por sacarlo de su mente, Arisis
era incapaz de olvidar a su primer enamorado.
Sentía que tanto su corazón como sus sentimientos más íntimos habían partido con Miguel.

Los fines de semana de la familia González

Los sábados por la tarde, Ramón y Arisis
acostumbraban a salir a pasear con sus hijos,
una niña de doce años y dos niños de siete y
tres años. Iban a lugares de entretenimiento en
Rosarito y otras ciudades cercanas. Ramón y
Arisis nunca hacían planes. Decidían a dónde ir
justo antes de partir. También, ya en camino,
convenían sus actividades y su hora de regreso.
Cuando salían a comer, Arisis prefería las ma-
risquerías y otros sitios donde se tocaba música
en vivo.

Los domingos eran diferentes. Como Ramón
había jugado al fútbol por toda la zona y era

conocido, entrenaba y dirigía un equipo de fútbol para niños pequeños y un club juvenil. Los miércoles y jueves practicaba con sus pupilos y los domingos también dedicaba todo su tiempo al fútbol ya que, después de cumplir con sus deberes como director técnico de sus escuadras, cuando el horario de juegos lo permitía, él mismo jugaba para un equipo de adultos en el que, desde el centro del campo y con gran habilidad, orquestaba los ataques.

Arisis acompañaba a Ramón a todas las prácticas de fútbol durante la semana y a todos los partidos de la liga los domingos.

La maestra Clara Mendieta era una maestra amada por todos

La maestra Clara Mendieta vivía en una hermosa ciudad del sureste de México, en un área de turismo con atracciones históricas y culturales. Era viuda y tenía un hijo que era un experto en informática, y que se había graduado en una universidad local. El joven, además, continuaba estudiando a distancia para obtener una maestría de parte de una universidad internacional privada.

Todavía sábado

Al reanudar la redacción de esta novela, mi querido *empujalápiz*, como él se identificaba, recordó que había dejado el área del garaje en total desorden. Por eso, al llegar a un punto y aparte, regresó a las labores de limpieza tanto del vehículo como de su área de resguardo.

Organizar el garaje era todo un reto debido a la falta de espacio.

Anthony, el hijo de Enrique, tenía dos vehículos estacionados permanentemente allí, y una de sus hijas, Brenda, había tomado parte del área restante como bodega, ya que todo lo que no le gustaba tener en su casa lo guardaba en el garaje de la casa de sus padres.

Para empeorar más la situación, a Brenda no le gustaba deshacerse por completo de casi nada.

Después de un rato de labores de limpieza y ordenamiento del garaje, mi amigo escritor sintió que ya estaba todo en orden. Pero, cuando le echó un vistazo a la aspiradora que había utilizado para limpiar el interior del automóvil, esta atrajo su atención como un imán atrae a un alfiler. Se acercó a la aspiradora, la tomó en sus manos y comenzó a desarmarla. Tomó una percha para la ropa, una hecha de alambre, y construyó una herramienta que comenzó a introducir a través de cada uno de los agujeros del aparato.

Mi amigo limpiaba todo con cuidado, incluyendo los tres agujeros que correspondían a igual número de tubos que se conectaban a la cámara de succión. Al terminar, vació el polvo en un recipiente, que terminó lleno de polvo y pequeñas partículas de papel gris. Luego, inspeccionó los filtros y siguió examinando el interior del dispositivo con gran cuidado, actuando como si quisiera encontrar algo.

Pero hizo una pausa y pensó que las aspiradoras succionaban polvo y basura, pero no creaban nada mágicamente, y mucho menos anillos de diamantes. "Ese anillo no pudo aparecer de la nada. ¿Por qué estoy perdiendo el tiempo con esto?", se preguntó, molesto.

Volvió a armar la aspiradora y regresó a su oficina a seguir con la redacción de esta novela.

Antes de reanudar la escritura, decidió pedirles a unos amigos una opinión sobre lo que había escrito hasta el momento. Quería saber qué pensaban sobre su redacción inicial.

Las reacciones obtenidas, pensó, le ayudarían a seguir escribiendo la historia o descontinuar la escritura y considerar sus esfuerzos como un intento fallido más. Envió a sus amigos una copia de lo que había escrito hasta el momento.

Los comentarios de sus amigos

Los comentarios sobre lo que había escrito llegaron de inmediato.

A Francisco le gustó lo que había leído y le felicitó por el comienzo de la historia. Sin embargo, su amiga Susana acusó: "¡NO ENTIENDO NADA DE LO QUE ESCRIBES!..."

Enrique se quedó petrificado, pero siguió leyendo después de la elipsis: "Excepto tus historias, ja, ja, ja". Para seguirle la corriente a su amiga, él respondió:

—No te preocupes, yo tampoco entiendo nada de lo que escribo.

—Eso sí, Enrique, estoy a punto de decir que no comprendo nada cuando haces el tipo de comentarios generalizados que te caracterizan.

—Susana, yo escribo lo que siento. Y dejo que el lector interprete según sus sentimientos.

—Pero puede ser que la interpretación que hacen no coincida con lo que tú deseas transmitir, Enrique.

—Después de escribir lo que quiero todos son libres de interpretar y decir lo que sientan que es apropiado.

—Ya está. No quieres que uno entienda lo que piensas.

—Ese es tu juicio. Lo respeto.

—Ya no me importa. Tengo ese vicio estúpido de querer comprender a la perfección todo lo que leo, aunque sé que no siempre hay una respuesta para todo.

Y allí terminó el diálogo.

Enrique continuó escribiendo

Enrique bajó a la cocina a por un vaso de agua; luego regresó a su oficina para seguir construyendo su proyecto.

Al abrir el archivo de esta historia, permaneció quieto por un par de minutos; tenía ambas manos sobre el teclado, pero se sentía incapaz de escribir algo nuevo. Entonces, levantó la tapa de la caja de las tarjetas de presentación, que estaba frente a él, y vio un brillante rayo de luz que salía del anillo de diamantes. Después de eso, pudo continuar escribiendo.

La maestra Clara Mendieta era una señora respetable

La maestra Clara Mendieta era una señora por la que todos guardaban un gran respeto. Su trayectoria como profesora de ciencias biológicas en una de las escuelas secundarias de la localidad la había colocado como la favorita de sus alumnos.

Durante mucho tiempo, disfrutaba ya de su jubilación y, por regla general, pasaba la mayor parte del día en casa.

Era amiga, consejera y doctora informal de un número considerable de jóvenes y señoritas. Muchos la visitaban para contarle sus alegrías y otros llegaban a compartir sus penas o acudían a ella para pedirle consejos. Casi todos los que llegaban a visitarla eran exalumnos. Algunos le traían regalos.

Su casa estaba llena de artesanías e instrumentos de cuerda y percusión. Todos conocían la pasión de la maestra Clara Mendieta por la música. La maestra Mendieta siempre recibía a quienes la visitaban con un saludo agradable adornado con una sonrisa natural.

Juan (Juanito) Roca visita a la maestra Clara Mendieta

Una mañana, mientras la maestra Mendieta estaba barriendo la entrada de su casa, llegó Juanito.

—¿Cómo estás, Juanito? Ha pasado mucho tiempo desde la última vez que estuviste aquí. Pasa a tu casa, por favor.

—Buenos días, Miss Clara. Sí, ya tiene tiempo. Vea, le traje unos mangos. No se vaya a ofender, sé que usted tiene sus propios árboles, pero no quería llegar con las manos vacías. Los corté del árbol más frondoso de mi casa, su casa.

—Te agradezco, Juanito. No te hubieras molestado. Sabes bien que mi casa es tu casa y no tienes que traer nada cuando vienes de visita, pero puedes llevar contigo lo que quieras. ¿Qué te parece si tomamos algo?

—Sí, Miss Clara. Gracias.

Entraron en la casa y la maestra Mendieta colocó los mangos en un hermoso tazón de colores que estaba sobre la mesa. Luego se sentaron.

—¿Cómo está tu familia?

—Bueno, ya verá ..., es por eso que vine a verla, maestra.

—No es nada malo, ¿verdad?, te veo tan saludable y sonriente como siempre.

—Gracias, maestra. Bueno, mire, déjeme ir al grano porque debo volver al trabajo a tiempo.

—Adelante, Juanito. Soy todo oídos.

—Bueno, mi padre se fue a los Estados y nos dijo que estaría allí solo por unos meses, que volvería pronto y que, con los ahorros que juntara, abriría una tienda de comestibles y frutas que produciría los ingresos necesarios para sostenernos. El caso es que ha pasado casi un año y mi papá no ha regresado. Al principio, nos enviaba dinero, nos llamaba por teléfono y hablaba mucho con nosotros. Luego, dejó de llamar y enviar dinero. Por eso tuve que abandonar mis estudios, para comenzar a trabajar. He juntado algo de dinero, y vine para ver qué me aconseja usted. No sé si debería seguir trabajando para reunir más dinero y luego ir a buscar a papá, si debería usar lo que tengo e ir a buscarlo en este momento, o también si debería irme a los Estados Unidos a trabajar y enviarle dinero a mamá. Mis dos hermanas van a la escuela, y no pueden trabajar. En este momento, mi madre y yo somos el sostén del hogar.

—Juanito, es demasiada responsabilidad para un joven de tu edad. ¿Qué dice tu madre sobre todo esto?

—La verdad, no sé. Bueno, sí sé. Ella dice que papá volverá pronto, que debe estar ocupado trabajando mucho y que por eso no nos ha llamado últimamente. Eso es lo que dice, pero todas las noches la oigo llorar. Mis hermanas también la han escuchado. Ella sufre mucho y ya no sabe qué hacer. Francamente, creo que mi padre nos ha abandonado, pero mi madre se resiste a aceptar la realidad.

Continuaron hablando sin olvidar que Juanito tenía que regresar a su trabajo.

Arisis se despertaba temprano en la mañana

Todas las mañanas, Arisis se despertaba poco antes de que saliera el sol. Se vestía sentada en el borde de la cama, poco a poco, para no despertar a nadie más. Permanecía en silencio, escuchando las olas del mar. Luego, iba a la cocina a preparar el café de la mañana y lo que le daría a Ramón para llevar al trabajo. También hacía algo para Bertha, la hija mayor, y algo para

Moncito (Ramón, el pequeño), de siete años. Bertha y Moncito siempre iban a la escuela acompañados por su madre, después de que su padre se hubiese ido a su trabajo. Estaban en su sexto y segundo año de primaria, respectivamente. Angelito, el niño de tres años, también acompañaba a sus hermanos a la escuela; iba en una carriola empujada por su madre. Después de llevar a sus hermanos a la escuela, Angelito pasaba todo el día en casa con su mamá.

Angélica dormía hasta tarde

Durante la semana, Angélica dormía hasta tarde porque no tenía que preocuparse ni por la limpieza de la casa ni de preparar alimentos. Tampoco tenía que llevar a los niños a la escuela, porque un autobús del Instituto Franklin los recogía frente a su casa.

Antes de irse a la escuela, sus tres hijos iban a despedirse de su madre, de quien recibían un beso y un "Adiós, compórtate, eh. Te amo".

De lunes a viernes, poco después de levantarse, Angélica iba al gimnasio.

Allí, después de completar toda una serie de ejercicios que Mario, su entrenador personal, le había asignado, gozaba de un café con sus amigas; a veces, iban en grupo a comer a un restaurante donde servían los mejores huevos poché que Angélica había probado.

Otras veces, después de haber estado en el gimnasio, Angélica se dirigía a un salón de belleza para que le arreglaran el cabello o las uñas; o iba de compras antes de regresar a casa.

Al volver a su hogar, siempre quería tomar un jugo verde.

—María, ¿cómo va mi jugo?

—Buenos días, señora, tengo todo listo. Se lo serviré en un minuto.

—Oh, sí, buenos días, Mary, lo siento. Estoy tan cansada.

—No se preocupe, señora, su juguito está casi listo. ¿Quiere cubitos de hielo en el vaso?

—Mary, tú sabes que siempre quiero hielo.

—Sí, pero el ingeniero García me dice que siempre le pregunte. La cuida mucho. Él no quiere que se enferme de nuevo como el otro día.

— Bueno, gracias..., pero quiero hielo. Ah, avísame de antemano si necesitas algo para la despensa. En un par de horas, los niños volverán y, ya sabes, tendrán hambre.

—Hoy tengo lo que necesito, señora. No se preocupe, tendré comida caliente cuando los niños lleguen a casa.

—Bueno, estaré en mi habitación. Que nadie me moleste, ya sabes. Si llega a tocar alguien que no reconozcas, ni siquiera preguntes quién es, o qué quiere. Simplemente no abras la puerta. No digas nada y, repito, no abras la puerta. No sé qué está pasando por aquí, pero parece que últimamente están permitiendo que todo tipo de personitas ingresen a este complejo residencial. Ya no hay control.

—El problema, señora, es que hay un nuevo guardia en el portón de ingreso y él no sabe cómo controlar bien a las personas. Puedo ver todo desde la ventana de la cocina: cuando los autos se apilan frente a él, parece que se confunde y deja pasar a unos simplemente después de ver sus identificaciones. Creo que todavía lo están entrenando. Eso sí, tiene un arma de fuego en la cintura que, para qué le cuento... No como el pobre don Agustín, el viejo portero; no llevaba arma, y le dispararon y lo mataron de cualquier forma..., a la mala. No tenía nada para poder defenderse. ¡Qué mala gente!

—Mary, no quiero escuchar nada más sobre este tema. Solo de pensar en todo eso me da el..., ya sabes. Oh, no, no, no. Estaré en mi habitación.

La maestra Clara dormía poco

A medida que avanzaba en edad, a la maestra Clara le resultaba más difícil dormir. Sus noches de insomnio las gastaba pensando en aquellos momentos inolvidables de su vida con Valente, su difunto esposo. A veces, Miss Clara tarareaba viejas canciones hasta lograr dormirse, y recientemente, pensaba en la vida de Pedro, su único hijo: "¿Por qué no vendrá a visitarme? Espero que no se comprometa plenamente con ese partido político. Le dieron ese pequeño hueso, pero estoy segura de que le harán pagar el precio".

La maestra Clara amaba a Pedro. Él estaba casado con Sofía, quien era mayor que él y tenía dos hijos de un matrimonio anterior. Pedro quería a los hijos de Sofía como si fueran suyos.

Arisis y Ramón

Arisis trataba de ayudar a Ramón de la mejor manera posible. Al comenzar su relación con él, años atrás, cuando se dio cuenta de que a Ramón le apasionaba el fútbol, hizo todo lo posible por comprender bien el juego. Aprendió a saborear la calidad de cada jugada y, después de un tiempo, al ir a verlo jugar, disfrutaba de los goles que él marcaba y de los pases que lograba servir. Lo que más le atraía de todas las actividades futbolísticas de Ramón era cómo hablaba con sus jugadores.

Al comenzar la temporada de entrenamientos, programaba una reunión con los jugadores y padres de familia. En el momento adecuado, cuando se daba cuenta de que la mayoría estaba prestando atención, solía decir:

"Miren, la vida es como una pelota de fútbol. A veces vuela libremente por el aire, sin que na-

die la detenga. Otras veces, todos quieren atra-
parla y patearla. Tengan la seguridad de que la
pelota siempre está esperando que alguien la
empuje al fondo de las redes. La pelota disfruta
de todos los goles anotados, así como todos dis-
frutamos cuando logramos algo bueno, ¿verdad?
Debemos tener en cuenta que el fútbol, tal como
la vida, es una actividad para compartir, no para
ser egoístas. Y debemos ayudarnos mutuamen-
te para salir adelante, para marcar un gol. También, tomen en cuenta que no siempre se gana,
pero muchas veces, cuando el marcador es ad-
verso, es cuando tenemos la oportunidad de
aprender. Veo que me están escuchando, gracias. Miren, en el campo, cuando queremos que
la bola viaje del punto A al B, no tratemos de
llevarla solos. Y, en la vida, tratemos de hacer lo
mismo, no tratemos de acaparar todo, compar-
tamos. Es mejor ser un buen compañero de
equipo que siempre querer tenerlo todo e intentar conducir todo a solas".

Arisis se sentía orgullosa al ver cómo los
jugadores y los padres de familia escuchaban
atentos los comentarios de su esposo.

Ramón había integrado a su hija mayor en el
equipo de varones Sub-13 que él dirigía. Bertha
mostraba habilidades similares a las de su padre: conducía el balón con soltura y mostraba la
capacidad de jugar sin balón, es decir, se mantenía como parte de cada jugada sin tener la

pelota a sus pies. Además, Bertha disfrutaba de una excelente posición en el campo de juego, gracias a lo cual le era posible interceptar pases del equipo contrario.

El narrador reclama sus derechos

Al llegar a este punto de la historia, pensé que, como narrador, tenía el derecho de expresar mi opinión acerca de lo que mi amigo escritor estaba tratando de decir. Por eso, me atreví a pedir su atención tocando su hombro izquierdo y diciendo:

—Disculpa...

Esperé una respuesta por unos momentos, un gesto de atención o una mirada, pero fue como si Enrique no hubiera sentido u oído nada; él siguió escribiendo.

Lo que quería decirle era que, según mi opinión, era posible escribir cada historia por separado y que eso implicaría la publicación de varios libros en lugar de solo uno. También quería que me aclarara algunas dudas que tenía sobre lo que él estaba tratando de decir, pero no fue posible. No sé qué le pasaba cuando escribía; era como si estuviera poseído o hipnotizado. Se metía en un mundo propio, quizás distante. No lo sé. No le importaba nada más, y no contestaba el teléfono ni las llamadas de su esposa cuando ella lo invitaba a tomar sus alimentos.

El narrador queda alegremente sorprendido

Pero después de haber solicitado su atención sin conseguirla, mi amigo se volvió hacia mí para decirme que Angélica le había pedido que dejara de describirla; que, en lugar de eso, dejase que se comunicara con su familia y amigos, porque solo entonces la conocería; es decir, al escuchar las conversaciones que Angélica y su familia mantenían a diario.

No supe qué comentar.

Me quedé sin palabras y pensé:

"¿Cómo es que Enrique no me presta atención? Ni siquiera se da vuelta cuando solicito su atención, pero, eso sí, él se atreve a decirme lo que le dicen sus personajes, en cualquier momento que quiere".

A propósito, Enrique también me dijo que la maestra Clara le había corregido: le aseguró que ella no da consejos; que, en cambio, ofrece "una gama de opciones abiertas, para que los que van a verla pidiendo un consejo puedan salir de su hogar con una solución a sus problemas". La maestra Clara sentía, me dijo Enrique, que dar consejos era una responsabilidad que no estaba dispuesta a asumir.

Como si esto no fuera suficiente, Enrique me dijo que Arisis le había dicho que a veces se sentía cansada de tanto fútbol, pero que, a pesar de todo, sentía la responsabilidad de ayudar a Ramón para que él hiciera lo que más le gustaba: dedicar todo su tiempo libre a ese deporte.

Esa noche

Esa noche, mi querido escritor no cenó.

Ignoró las dos llamadas a la mesa de la misma manera que ignoró mis esfuerzos por llamar su atención. Él seguía escribiendo. Pero se veía cansado. Escribía uno o dos párrafos completos, los imprimía y leía, y luego, los tiraba a la basura. Llegó un momento en que postró sus brazos sobre el escritorio e inclinó su rostro.

A punto de quedarse dormido, abrió la pequeña caja de tarjetas de presentación que permanecía frente a él, vio el anillo de diamantes una vez más, cerró el archivo dedicado a esta historia y se durmió.

Angélica habla con Enrique en sus sueños

A la mañana siguiente, Enrique se levantó con la idea de escribir algo acerca de Angélica. Durante la noche, en sus sueños, ella le había dicho otras cosas: que quería asumir su papel y que deseaba que Enrique escribiera lo que ella dijera.

Enrique, desconcertado, se sentó al teclado. No sabía qué escribir. Pero tomó la caja de tarjetas de visita y la abrió. El anillo de diamantes descansaba en medio de ellas. Sacó la joya con mucho cuidado, como no queriendo despertar el brillo de los diamantes. Y, al tenerlo en la palma de su mano izquierda, vio cómo un poderoso rayo de luz salía de la piedra central iluminando el techo de su oficina. En cuestión de segundos, el rayo se proyectó hacia el cielo. Él siguió la trayectoria del brillante haz de luz hasta donde alcanzó su vista. Luego, volvió a colocar el anillo en la caja y pudo seguir escribiendo.

Angélica asume brevemente su papel

"No quiero entrar en detalles, pero parece que las cosas no van bien. Mi esposo llega a casa preocupado. Lo conozco bien, por eso digo lo que digo. Cada vez que le pido que me cuente qué sucede en su vida diaria, en su trabajo, o qué hace los sábados para llegar tan tarde o para no volver a casa por la noche, dice que todo marcha a la perfección. El otro día llegó y hablamos".

—Hola, mi amor. Bienvenido a casa. Veo que estás cansado, ¿quieres algo de tomar?

—Sí, por favor, ¿qué tal un jugo de naranja?

—Por supuesto. María, por favor, un vaso alto con hielo, ¿de acuerdo?

—Sí, señora, ¿para jugo de naranja o refresco?

—Ah, Mary, siempre tan inteligente. Para jugo de naranja, por favor. Amor, ¿quieres que le ponga un *piquetito*?

—No, gracias. Cuando cenemos, voy a querer una copa de vino, pero nada hasta la cena.

—Anda, un relajante. Mira, fui a El Paso y traje un sabroso vodka ruso. Me gustaría que probaras un poquito, ¿sí?

—Está bien, amor. Pero no dejes que se te pase la mano.

—Aquí tienes, ingeniero García. Oye, últimamente te he notado preocupado. ¿Qué está pasando?

—No, no … Todo está bien. Yo diría que todo marcha a la perfección.

—Noté que anoche no podías dormir. Y bien sabes que cuando tú no puedes dormir, yo tampoco puedo. Lo bueno es que anoche, medio dormida, me volví para ver cómo estabas y sí, estabas allí, soñando despierto. Entonces, me di la vuelta y seguí durmiendo. —Ella soltó una risilla.

—Lo que a veces me quita el sueño es darme cuenta de que últimamente vas mucho a *El Peso*. ¿Por qué vas tanto?

—El Paso, mi amor, no lo olvides, es El Paso. Y no, no lo creo. No voy tan a menudo como quisiera. De hecho, ¿por qué no vamos todos durante el fin de semana? Ya sabes, a los niños les encanta ir.

»Bueno, no sé qué pasa con Ronda y Brandy, ellas ya no quieren salir con nosotros. Pero si les decimos que vamos a su restaurante favorito, querrán ir. ¿Qué dices?

—De acuerdo. Pero tendrá que ser el domingo, y debemos irnos temprano. Tú sabes cuánto tenemos que esperar en esa larga línea para cruzar la frontera. Y espero que no nos envíen a la segunda revisión, como la última vez, porque, ahora sí, esos *gringos* van a escuchar de mí. Bueno, el último ni siquiera era *gringo*, hablaba español con acento de *gringo*, pero tenía el nopal mexicano impreso en su frente.

—No te burles de ellos. Sabes que muchos de nuestros compatriotas también trabajan para la *Migra*. ¿Por qué debemos ir en domingo? A partir del sábado, habrá una venta de fin de temporada en todas las tiendas de departamentos, mi amor.

—Es que tengo que trabajar el sábado. Tenemos cierre de producción de un componente y vamos a planear la introducción de otro a línea de producción. Debo asignar tareas y hacer muchas otras cosas. Los altos mandos vendrán del otro lado y, ya sabes, cuando llegan en sábado, trabajamos hasta altas horas de la noche.

—Bueno, está bien, haremos lo que tú digas. Sammy, mi amor, tu papá nos va a llevar a El Paso el domingo, ¿qué te parece?

—Muy bien, mami, ¿podemos pasar por Steve para que vaya al zoológico con nosotros?

—Si nos levantamos temprano, tal vez.

Miguel explora cómo cruzar la frontera

Habían pasado muchos años desde la primera vez que Miguel había cruzado a los Estados Unidos. Cuando lo hizo, indocumentado, *sin papeles*, la entrevista personal y el control de vehículos por parte de las autoridades estadounidenses no eran tan minuciosos. Y él había llevado suficiente dinero para pagarle a un *coyote*, en caso necesario.

Esta vez, sin embargo, al llegar a Tijuana, fue al área donde hay un gran arco plateado que parece querer tocar el cielo, un punto de referencia que se puede ver al comienzo de la avenida Revolución, la calle más famosa de esa ciudad.

En Rosarito, los familiares y amigos de Miguel le habían dicho que en las calles aledañas al arco alguien se acercaría a ofrecerle "el cruce" a California. Cuando caminaba por la avenida Revolución, un joven vestido de negro se le acercó, justo frente al arco plateado.

—¿Quieres cruzar al otro lado?

—¿A dónde?

—No *marches*, *man*. ¿Quieres ir al otro lado, a Estados Unidos?

—Ah, está bien. Sí.

—Y ¿tienes la *lana*?

—Por supuesto… que no.

—Mira, no *chingues*, si estás listo, sígueme a esa tienda, la que está allá enfrente, al lado de los mariachis, ¿ves?, y ahí te diré cómo vamos a despeinar el gato.

—Vale.

Caminaron hacia la pequeña tienda y, una vez dentro, el joven vestido de negro explicó:

—Mira, si quieres pasar por el túnel, es decir, por Playas de Tijuana, el costo es menor, pero tienes que caminar un *chingo* después de que crucemos la frontera. Pero, si quieres mi servicio de lujo, te pasamos por la mera línea fronteriza, la de cruce de automóviles. Es seguro, pero te cuesta el doble que por el túnel. A ver, ¿cómo andas con el inglés?, di "*American Citizen*".

—*American Citizen.*

—Ya la hiciste, *man*. Te conviene pasar por la línea de coches. ¿Tienes gente al otro lado?

—No, no tengo a nadie.

—Bueno, piénsalo. Yo regreso en unos minutos. Voy a ver a otro *chavo* que *la está pensando*. Si alguien más viene con una oferta para cruzar, dile que ya hablaste con El Conchas. Todos me conocen. Y todos los acarreadores trabajamos para el mismo jefe. Nadie más acorrala *pollos* por aquí, sin sufrir las consecuencias. Vuelvo enseguida.

Juanito llega a la frontera

Tres semanas después de que Juanito hubiese visitado a la maestra Clara Mendieta, llegó a

Reynosa, una ciudad cerca de McAllen, Texas, en la zona conocida en México como Valle del Río Bravo, y en los Estados Unidos como Río Grande Valley.

Cuando salió de la estación de autobuses, Juanito se sentía perdido, sin saber qué hacer ni a dónde ir. Pensó que tenía que pasar un tiempo en la frontera para establecerse y explorar las posibles rutas de entrada a *Gringolandia*, el nombre que le daba a los Estados Unidos de América.

Lo primero que hizo fue preguntar sobre la ubicación de unos baños públicos porque quería refrescarse. Un taquero callejero le dijo cómo llegar a los baños La Escala. Después de un baño con agua tibia, salió a caminar por las calles de la ciudad.

Llevaba una mochila tipo *backpack* y una pequeña bolsa de yute de colores brillantes colgando de su hombro.

Un joven como de su edad se le acercó mientras caminaba por una de las calles principales del centro de Reynosa.

—Tú no eres de aquí, ¿verdad?

—No, no soy de aquí, ¿por qué?

—Bueno, con esa bolsita... Mira, si quieres trabajar, yo sé dónde están contratando.

—No, no quiero trabajar.

—Ah, entonces llegaste cargadito, ¿eh?

—*Hey, hey*, ni siquiera te conozco y. ...

—No te enojes, yo solo quiero ayudarte porque también llegué aquí hace unos meses, sin conocer a nadie. Pasé ratos difíciles. Pero ahora ya puedo defenderme. He ido al otro lado, pero me ha sido difícil, y la *Migra* me agarró tres veces. Si me volvieran a agarrar, me detendrían, y seguro que me meterían a la cárcel. Por eso, es mejor que me quede aquí. Ya me acostumbré a Reynosa. La última vez que me agarraron en McAllen, les dije que era de México, y de una patada me sacaron nomás aquí. Si hubieran sabido que vengo de Honduras..., ja, ja, ja. Tú también eres hondureño, ¿verdad?

—No, yo soy mexicano.

—Mexicano, mexicano..., eso es lo que todos nosotros los *catrachos* decimos, para que no nos manden de regreso a Tegucigalpa. Tú eres de Honduras.

—Ya te dije que no. Yo soy mexicano.

—Bueno, no lo sé. Pareces tan *catracho* como yo. Oh, ya sé. Eres del sureste de México. Allí hay sangre maya. Los mexicanos del sureste son mayas, pero, como ves, nos han dividido, han separado a nuestra raza, han creado países, y ahora, a veces ni siquiera queremos hablar entre nosotros, como si no fuéramos hermanos. Por favor, y no te vayas a ofender, pero mejor guarda tu morral de yute en tu mochila. Aquí debes ocultar el hecho de que eres del sur. Y no le digas a nadie que eres de la Ciudad de México o del Distrito Federal, a nadie le gustan los *chi-langos*. Ni siquiera sé lo que ese nombre significa, pero sí sé que a la gente no le gustan los *chi-langos*. Yo conozco tres *chilangos*, uno de ellos, qué te puedo decir…, si te distraes, te roba los calcetines sin quitarte los zapatos. Pero los otros dos son buenas personas. Oye, te ves muy bien…, préstame algo de dinero, ¿sí?

—Oye, dijiste que querías ayudarme, ¿verdad?… No, no tengo dinero. Si quieres, te invito a comer algo…, para poder seguir hablando.

—Sale. Vamos. Conozco un buen lugar. Y ¿cómo te llamas?

—Juanito

—Bueno…, así es como tal vez te digan en tu casa. Mira, si te llamas Juan, mejor dilo así, Juan. Porque Juanito suena como *estupidito*, ¡ja, ja, ja!

—Y tú, ¿cómo te llamas?

—Ever.

—Eso rima con *never*, por eso nunca has logrado quedarte en los Estados Unidos, ¡ja, ja, ja!

Día de pago en la maquiladora

Los viernes eran días de pago en Makila.

Al escuchar sus nombres en los altavoces, los trabajadores subían a la oficina para obtener su cheque de pago, dos trabajadores a la vez. Era un proceso que duraba todo el día. Nadie quería faltar al trabajo los viernes. En esos días, también, un pequeño grupo de empleados, más mujeres que hombres, recibía avisos por escrito requiriendo que se presentaran a trabajar al día siguiente. La compensación por trabajar en sábado era a razón de tiempo y medio. Los avisos se repartían en una media página en papel color rosa.

Uno de esos viernes, alrededor de las diez de la mañana, un nutrido contingente de policías estatales llegó a la maquiladora, en cuatro vehículos: dos coches sin ningún tipo de placas de matrícula y dos patrullas dobles con el emblema de la policía del estado pintado sobre la puerta de los vehículos. Los policías portaban una variedad de armas de fuego. Algunos llevaban armas largas.

Después de estacionar sus vehículos en el lote de la compañía, un comandante de apellido Benavides salió de uno de los autos y subió a las oficinas de la maquiladora. Iba escoltado por tres subalternos.

Una vez en las oficinas, el comandante saludó al ingeniero García con un apretón de manos y un abrazo. Inmediatamente, el ingeniero pidió a todo el personal de la oficina que los dejaran solos. Dos secretarias, un contador, un asistente de contabilidad y dos conductores de vehículos de la compañía bajaron al área principal de trabajo de la maquiladora.

El comandante esperó hasta poder ver a los empleados en la nave principal, antes de comenzar a hablar con el ingeniero García. Al recibir órdenes del comandante Benavides, los subalternos también bajaron.

(Por las ventanas de la oficina principal se podía ver a todo el personal en el área de trabajo. Pero los trabajadores, estando abajo, no podían ver nada de lo que estaba sucediendo en la oficina).

Después de unos veinte minutos, el comandante bajó y, con una señal de mano, hizo que sus subalternos lo siguieran. Con paso firme, el comandante caminó hacia su auto. Llevaba una bolsa blanca debajo del brazo, una de esas bolsas alargadas, como las que se llevan al banco para depositar dinero. Lucía una leve sonrisa en sus labios.

Cuando todo el personal administrativo subió nuevamente a la oficina, encontraron al ingeniero García sentado en su escritorio, mirando al horizonte. Estaba pálido. Quería disimular su pánico, pero su voz temblorosa y su tartamudeo lo traicionaban.

—Aquí no ha pasado nada. Ustedes... señores, sigan repartiendo los cheques de pago.

—*Inge*, ¿puedo ayudarle con algo? —preguntó el contador.

—No, gracias, todo está bien. No hay problema. Muy bien, sigan pagando.

Luego, con una señal del dedo índice, el ingeniero García le pidió al contador que lo siguiera a un pequeño cuarto ubicado en la esquina de la oficina.

—Mire, licenciado Romero, vinieron a preguntar por Mariela y por las otras chicas. Como usted bien sabe, ellas salieron de aquí a salvo esa noche, ¿correcto?

—Sí, *Inge*, lo que usted diga.

—Bueno, le pido que no vaya a decir nada más que eso, ¿entendido?

—Oiga, ¿y si me presionan?, porque ya sabe usted cómo son esas personas, ¿puedo decirles que ese sábado las chicas subieron, tomaron una o dos cervezas con el grupo y luego se fueron?

—Pero ¿por qué pregunta? Recuerde, por favor: los trabajadores suben a la oficina solamente los viernes, cuando oyen su nombre por el altavoz. Vienen a recibir sus cheques de pago. Siempre llamamos dos a la vez, hombres o mujeres. Siempre dos a la vez, esa es la regla.

»Nadie puede sacarle de esos puntos, ¿entendido? Solo suben los viernes, y siempre lo hacen por parejas.

»Además, ese sábado trabajamos hasta tarde porque teníamos que planificar la introducción de una nueva plataforma a la línea de trabajo y teníamos que asignar tareas, ¿recuerda? Vinieron a trabajar horas extra porque Mariela era una de las líderes de línea, ¿lo ha entendido?

—Sí, mi *Inge*. Entonces, tendríamos que modificar la tarjeta de tiempo de Mariela en Recursos Humanos, y revisar el historial de nómina para ajustar su salario.

—Entonces ..., deje que su asistente siga pagando la nómina, y dedíquese a hacer todos los ajustes necesarios.

—De acuerdo, *Inge*. También quería decirle que esta mañana, antes de que llegara usted, nuestro contacto en el ayuntamiento me llamó, quiere más *lana*.

—Dele un aumento del diez por ciento.

—No me lo va a creer, pero él quiere un cincuenta por ciento más. Dice que no es todo para él, que tiene un nuevo jefe que también quiere su *mochada* para permitir que nuestro contacto ingrese al módulo "Información Instantánea" en su sistema.

—Cuando termine de hacer lo que está haciendo, Romero, llévele algo de dinero y dígale que nos espere, que estamos a punto de recibir una remesa de nuestra matriz y que, si él nos espera, esta vez le pagaremos en dólares.

—Bueno..., pero el dinero en efectivo, en caja, no es suficiente. ¿De qué cuenta quiere que tome el dinero?

—Esto se está volviendo demasiado complicado, Romero.

»Mejor llámelo y dígale que está bien, que tendrá el aumento que quiere, pero que tiene que

esperarnos una semana porque estamos esperando ingresos.

—Oh, *ok*, *Inge*, yo lo llamaré.

Miguel cruza a los Estados Unidos

El Conchas volvió a la tienda para hablar
con Miguel en menos de diez minutos.

—¿Qué pasa, *perro*? Es un *win-win*, ¿verdad?

—*Simón que yes...*, pero no me has dicho
cómo vamos a dar el brinco.

—Mira, *perro*, como te dije, te queda mejor
cruzar por la línea de autos. Irías con una chava
de las de acá, La Jenny. Pero, allá tú, si nomás
quieres que te crucemos, podríamos llevarte hasta el *Jack-in-the-Box* del lado *gringo, a la de ya*.
El que está a la entrada. Nomás que, después
de eso, todo correría por tu cuenta. Pero... ¿qué
te puedo decir?... La verdad, hay mucha *Migra*
rondando por ahí. Creo que sería mejor para ti
que Jenny te llevara hasta Los Ángeles. Te costaría el doble. ¿Qué dices, *compa*?

—Suena bien, pero ¿cómo es el cruce?

—"Suena bien" significa... sí, o significa... no.
Habla bien. Sé claro, *bato*.

—Sí, que sí.

—Ah, bueno, *chido*. Mira, La Jenny va a ir
detrás del volante. Y tú, en el asiento del pasajero. Un oficial de la *Migra* está con nosotros, tú
me entiendes, ¿verdad? La cosa es que a veces

cambian de puestos a los oficiales sin avisar-
les. Lo que hacen es para evitar movidas como
la nuestra. Tienes que ser rápido, ¿vale? Si ustedes ven que cambiaron a nuestro *Migra* a otra
puerta, sigan como si nada hubiera sucedido.
No te pongas nervioso porque si lo haces, te pueden levantar. Mira, te explico, cuando lleguen a
la cabina, el oficial le preguntará a Jenny de
dónde es, y luego te preguntará a ti. Nuestro
Migra siempre lo hace porque también los vi-
gilan a ellos, a distancia, ¿entiendes? Graban a
todos los oficiales de la *Migra* cuando están en
sus puestos.

—Sí, sí, pero si..., como dices, ¿qué pasa si
cambian a tu *Migra* a otra cabina, a otra puerta
de entrada?

—A eso voy, *man*, cálmate. Mira, cuando estén cerca de la línea, Jenny se asegurará de que
nuestro *Migra* está en el *stand* veintiséis. Si ella
se da cuenta de que no está allí, te dirá que te
bajes. Entonces, sales del coche con la mano
levantada y dos dólares en ella, como si fueras
a comprar algo, y caminas en dirección opuesta
a la de los vehículos. Cualquier persona te ven-
derá una botella de agua u otra cosa.

—Y ¿para qué tanto circo? ¿Por qué no simplemente salgo del coche y camino en dirección
opuesta a la de los vehículos?

—Mira, *man*, sigue las instrucciones y todo
saldrá bien. Unos cincuenta metros antes de la

raya límite, verás a muchos agentes de la *Migra*.
Si ellos te vieran salir del coche sin razón algu-
na, te detendrían. Créeme. Yo sé lo que te digo.
¿Vas a hacerlo como te estoy diciendo?

—Sí, solo quería que me explicaras para no
meter la pata.

—Ah, bueno, entonces, ¿estamos en la misma página?

—Sí, estamos.

—Paga la mitad de la *lana* ahora y entrégale
la otra mitad a Jenny.

—Oye, sí quiero que me lleve hasta Los Ángeles.

—¿Por qué no me dijiste eso antes? Déjame
ver, porque La Jenny tiene que hacer dos viajes
hoy y... Bueno, vamos a ver cómo le hacemos.
De cualquier manera, paga la mitad de la *feria*
ahora y la otra mitad cuando lleguen a Los...,
perro. Bueno, espera, vas a conocer a la chava,
y una vez que estés en su coche, me pagas. Vamos a conocerla.

Fueron a encontrarse con Jenny, que estaba
en su auto estacionado cerca de la pequeña
tienda donde los mariachis tocaban algunos so
nes. Los tres repasaron una vez más todo el
plan. Miguel hizo la mitad del pago acordado en
efectivo. Inmediatamente después, Jenny y Miguel se dirigieron hacia la puerta de los Estados
Unidos. El Conchas, se quedó afuera de la tienda
escuchando las canciones que tocaba el mariachi.

Jenny y Miguel se posicionaron en la línea de vehículos que conducía a la puerta veintiséis. Les tomó cerca de dos horas llegar a cincuenta metros de la línea fronteriza.

Varios agentes de la inmigración estadounidense patrullaban el área entre los automóviles. Cada pareja de oficiales tenía un perro entrenado en detección de drogas.

Cuando los agentes pasaron al lado del auto de Jenny, Miguel se enderezó en su asiento y comenzó a hablar con Jenny como buenos y viejos amigos.

En la radio del automóvil se escuchaba música de la Banda Limón.

—Tienes suerte —le dijo Jenny a Miguel—. Desde aquí puedo ver a nuestro agente. No habrá ningún problema.

Mientras Jenny y Miguel esperaban su turno a pocos metros de la cabina de revisión, una cámara automática los retrató produciendo un destello deslumbrante. Jenny continuó manejando el auto lentamente hasta llegar frente a la cabina del oficial de inmigración. Una vez ahí, el oficial preguntó:

—¿Ciudadana de qué país eres?

—*United States, Sir* —contestó Jenny.

—¿Y usted?

—*American Citizen.*

—Adelante.

Juanito cruza la frontera

Juanito y Ever entraron a una taquería en el centro de Reynosa. Allí, Ever le explicó a Juanito todo lo que sabía sobre las diferentes rutas de acceso a los Estados Unidos. También le dio una cifra aproximada de cuánto le cobrarían los *coyotes* si Juanito decidía contratar a uno.

—Debes tener cuidado con los pinches *coyotes*. Te hacen pagar por adelantado y, una vez que tienen tu dinero, lo único que hacen es llevarte hasta el mismo bordo del río del que te hablé. Yo no les pago *ni madre*. Me fregaron la primera vez, pero no más. Cuando estés en camino, si ves que llevan un grupo de *pollos* cerca de ti, no te acerques a ellos, porque entonces te harán pagar... Son terribles esos cabrones. Siempre salen con su gente de ese lugar, como a medianoche.

Ese mismo día, tan pronto como anocheció, y siguiendo las instrucciones de Ever, Juanito fue al lugar designado para cruzar.

Cuando llegó a la rivera del Río Bravo, caminó a lo largo del cauce y se preparó para cruzarlo.

A pesar de que estaba oscureciendo, la luz de la luna le permitió ver un sitio, en la orilla opuesta del río, que pensó que sería adecuado para entrar en territorio estadounidense.

Tras caminar unos quinientos pasos, se quitó la ropa. Metió todo dentro de su mochila, junto a la colorida bolsa de yute, y se ocultó entre los arbustos a esperar el momento indicado, sin saber cuándo llegaría o cuál podría ser la señal de ese momento. De cualquier manera, esperó agazapado.

Pero su instinto le indicó el momento oportuno para saltar al agua. Respiró profundamente y se tiró. Trataba de nadar en diagonal, casi contra la corriente. Llevaba su mochila fuera del agua, en la mano de su brazo izquierdo, y braceaba con fuerza con el derecho. Las corrientes del río aumentaron su ira a medio trayecto. Por eso, decidió nadar con ambos brazos, llevando su mochila en la boca, mordiendo el asa con la misma enjundia con la que nadaba. Después de rebasar la mitad del cauce, sintió que las corrientes amainaron. Así, disminuyó la velocidad de sus golpes sobre el agua y relajó un poco su mandíbula.

Llegó al otro banco, a unos tres o cuatro pasos del lugar que había planificado. Entre los arbustos, escondido, se tiró de espaldas sobre el suelo húmedo. Quedó con sus brazos extendidos, como un crucificado, y trató de normalizar su respiración.

Después de unos momentos, tras recuperar el ritmo habitual de su respiración, se vistió. Su ropa estaba mojada. Tenía frío, temblaba y sufría ataques de tos. Podía escuchar la corriente del río y algunos sonidos quietos de pies, o patas, caminando, a veces corriendo sobre la maleza. Eran animales que lo acechaban.

Pasados unos momentos, Juanito comenzó a escuchar música de acordeón y cuerdas, a lo lejos. Pensó en ir al lugar de donde parecían provenir esas melodías pegadizas. Antes de comenzar a caminar, con mucha cautela, se sentó, miró hacia un horizonte incierto y trató de orientarse, sin apartarse del primer espacio firme que había pisado en los Estados Unidos.

Crece el poder del anillo de diamantes

Llegó el momento en que mi querido escritor no hacía nada sin antes "consultar" el anillo de diamantes. Antes de comenzar a escribir, lo tomaba en sus manos y lo frotaba suavemente. Al concluir cualquier sesión de escritura, abría la caja de las tarjetas de presentación para admirar la joya y, mientras tecleaba, le dedicaba fervorosas oteadas al anillo, especialmente cuando el flujo de su imaginación parecía interrumpirse. Parecía como si solo pudiese seguir escribiendo después de contemplar el anillo.

Cuando se dio cuenta de que estaba empezando a depender del anillo para realizar casi cualquier cosa, decidió enviar un mensaje a sus tres hijas y a su nieta de trece años: "Si alguno de ustedes perdió un anillo en el Toyota mientras viajaba con nosotros, hágamelo saber, por favor".

Todos respondieron que no, que ninguno había perdido un anillo.

Inmediatamente, fue a ver a su esposa.

—¿Qué estás haciendo?

—Aquí nomás, haciendo pagos. Más tarde, voy a ir a la tienda, por si necesitas algo.

—Gracias, nada en particular. Pero, ya sabes, si ves algo que crees que me va a gustar, tráelo.

A ella le contó la historia del anillo.

—Bueno, no sé qué decirte. ¿Ya les preguntaste a los hijos?

—Sí, les envié un mensaje de texto y todos respondieron que no habían perdido ningún anillo.

—¿Por qué no revisas tu agenda de citas? Posiblemente hayas anotado algo que podría servir de pista. Algún amigo..., alguien a quien llevaste a algún lado, ¿qué sé yo? Revisa unos meses pasados en tu agenda, tal vez encuentres algo.

—Buena idea, gracias. Voy a seguir tu consejo, aunque no creo que vaya a encontrar nada. Gracias de todos modos.

Juanito entra en territorio estadounidense

Juanito afiló su oreja y comenzó a caminar hacia el lugar de donde venía la música. Caminó con paso firme, prestando atención a cualquier ruido que ocurría a su alrededor. A veces zigzagueaba como soldado de guerra en plena ba-

talla. Cuando escuchaba algún sonido amena-
zador, se detenía y se agachaba. Permanecía
callado hasta que el ruido se desvanecía.

Cuando se acercó más a su destino inmediato, lo deslumbró el haz verde de una luz de
neón. Se acercó todavía más a ese resplandor y
distinguió un par de voces masculinas, sin entender qué decían. Más cerca de ese lugar de luz
verde y música florida, se dio cuenta de que se
trataba de un grupo numeroso de hombres reu-
nidos alrededor de una lámpara de pilas colo-
cada sobre una mesa de plástico gris. La mayoría de los presentes se encontraban comiendo
y bebiendo alegremente. Hablaban en español,
bromeaban entre ellos y reían a carcajadas.

Juanito observaba todo, oculto detrás de un
poste grueso de metal que sostenía una valla
gigante espectacular que anunciaba el próximo
estreno de la película *Sin papeles*, en cines de
la cadena AMC Theatres de la Unión Americana.

Asomaba la cabeza de vez en cuando para
ver lo que estaba pasando. Después de un rato,
decidió acercarse al grupo.

Caminó con la cabeza levantada y saludó.

—Buenas noches.

—Hola, ¿cómo estás, amigo, acabas de cruzar?

—Sí, acabo de cruzar y caminé hasta aquí.

—Bueno, entonces, bienvenido a los Estados
Unidos. ¡*Hey*, *compas*, es uno de los nuestros!
¿Quieres algo de comer o de beber?

—Agua, por favor.

—Sí, claro, es lo primero que todos pedimos después de cruzar la frontera. ¡*Hey*, camaradas, vengan y denle la bienvenida a nuestro *compa* que acaba de cruzar! *Sos catracho*, ¿verdad?

—No, soy mexicano, del sureste de México, Maya.

—Se lo dije, cabrones, uno de los nuestros.

Todos se acercaron a saludar a Juanito y a desearle buena suerte. Uno de ellos le ofreció un cambio de ropa diciendo:

—Mira, *compa*, ponte esta ropa seca, no te vayas a enfermar. Lo que llevas puesto está todo mojado.

Juanito le dio las gracias y allí, cerca de la brillante luz verde, se quitó la ropa mojada y se puso la otra.

—Entonces, cruzaste solo.

—Sí, de hecho...

—Porque los que pasan con *coyote* llegan aquí más tarde. Eso es si la mafia no los atrapa antes, tú sabes, la *Migra*, quise decir. Qué bueno que viniste solo. Nosotros vamos hacia el sur. Muchos hemos cruzado como tú, pero ya tenemos nuestros papeles en orden. Somos centro-americanos, bueno, hay un *chilango* en el grupo que nos molesta mucho, ja, ja, pero es uno de los *chilangos* buenos, ja, ja, ja. Todos los vehícu-los que ves aquí nos pertenecen. Así nos gana-mos la vida, llevando vehículos y repuestos nuevos y usados a Centroamérica. Estamos esperando la emisión de permisos de importación temporal para los automóviles y otros vehículos de dos *compas* que no traían los papeles en orden. Cuando regresen de la oficina, aquella que ves allá, decidiremos si dormimos un par de horas y luego partimos, o... Bueno, y tú, ¿cuáles son tus planes? No es que quiera meterme en tus asuntos, pero si podemos ayudarte en algo, háznoslo saber.

Juanito les explicó que la razón principal de su viaje era tratar de encontrar a su padre. Y que también quería trabajar, recaudar algo de dinero y luego regresar a México.

—Bueno —dijo uno del grupo—, encontrar a tu padre va a ser difícil. Cuando pasas para este lado de la frontera, por aquí, casi siempre trabajas en el Valle por un tiempo.

»Y cuando se termina el *jale*, te enganchas con un contratista de trabajadores migrantes, de esos que te llevan a la Florida, a la temporada del tomate..., o a Georgia, a recoger duraznos..., o a Virginia, a trabajar en las fincas de tabaco..., o a Michigan, para trabajar con una gran variedad de verduras.

»Es posible que tu padre se haya enganchado y luego se haya quedado en un lugar donde le haya gustado el paisaje, o donde haya encontrado a alguien que "le hizo la vida imposible", ¡ja, ja, ja! Sabes a lo que me refiero, ¿no?

—La otra posibilidad, amigo mío..., *sorry*, ¿cómo te llamas? —dijo otro del grupo.

—Juan Roca.

—Pues sí, Juan, la otra posibilidad es que la *Migra* levantó a tu papá. Y, cuando te levantan, si no firmas una orden de deportación voluntaria, o si descubren que has cometido un delito, o has sido testigo de uno, te guardan "calientito" hasta resolver el caso. No hay *de otra*.

Una tercera persona del grupo entró en la conversación, cambiando de tema.

—La diversión está buena, muchachos..., pero déjenme decirles que nuestros camaradas ya tienen sus papeles en orden. Les dieron los permisos; como saben, después de haberse *mochado* con una pequeña cantidad de dinero debajo de la mesa. Están esperando las calcomanías para colocarlas sobre los parabrisas de los camiones. Ya hablé con todos los camaradas de la caravana, y la mayoría dice que sería mejor partir mañana antes del amanecer. ¿Por qué no paramos el *guateque* y descansamos un poco? Y tú, amigo, mira, yo llevo aquel autobús escolar amarillo, y tengo un asiento para alquilar. —El hombre le palmeó la espalda. —No, no te creas, estoy bromeando. Ya en serio, ¿por qué no duermes un rato? Mira, usa esta cobija para cubrirte y, antes de que salgamos, yo mismo te despertaré.

Juanito asintió y, después de agradecer a todos y de despedirse del grupo, se fue a dormir en uno de los asientos del autobús escolar. Antes de abandonar la reunión, Juanito tomó su ropa y agradeció al grupo, nuevamente, toda la atención que le habían brindado.

En el autobús, Juanito se acurrucó como un ave *cucurrucucú* y se durmió.

Anita Rodríguez visita a la maestra Clara Mendieta

Habían pasado aproximadamente cinco semanas desde el día en que Juanito había ido a visitar a la maestra Mendieta cuando tocaron a su puerta.

—Buenos días, perdón, ¿es usted la maestra Clara Mendieta?

—Sí, niña, ¿qué se te ofrece?

—Bueno..., usted conoce a Juanito, ¿verdad?

—Si, sí, ¿pasa algo malo?

—No, no, y disculpe la molestia, pero él me dijo que yo debería venir a conocerla, que usted es una buena persona. Y aquí estoy para presentarme, maestra Mendieta.

—Ah, lo que pasa es que estaba recogiendo este gran desorden que dejé anoche. Pasa, pero cierra los ojos.

—Si usted quiere, puedo ayudarle a recoger, maestra.

—No, no te preocupes. Tengo todo el tiempo del mundo, pero no en este momento; además, necesito hacer ejercicio. Por favor, pasa y toma asiento. A ver, ¿cómo te llamas?

—Ana María Rodríguez. Encantada de conocerla.

—Ah, qué hermoso nombre. ¿A qué escuelas has asistido? No recuerdo haberte visto en la secundaria.

—No, maestra, lo que pasa es que mi familia no es de aquí. Somos de una comunidad rural cercana donde no hay escuela preparatoria. Por eso, cuando mi hermano mayor terminó la secundaria, hace unos años, mis padres lo enviaron a estudiar aquí. Él vivía con mi tío. Después, todos nos vinimos.

»Para entonces, yo ya había terminado la secundaria. Aquí comencé la preparatoria. Ahí es donde conocí a Juanito. Desde el primer día me di cuenta de que era muy atento; me ayudó a acostumbrarme al entorno social de la escuela y a encontrar amigos. Bueno, ¿cómo podría decirle...? Pronto, nos hicimos novios y nos comprometimos. Ahora que él se fue, me doy cuenta de que... Bueno, no sé cómo explicarlo..., pero todas las mañanas sufro de unas nauseas insoportables. Mi madre lo notó y quiere llevarme a ver a una curandera. Mi mamá ya fue a verla, hasta hizo una cita con ella, pero ahora, la señora está fuera de la ciudad por unos días. Cuando regrese, la vamos a ir a ver. Quise venir a verla a usted primero, a ver qué me aconseja.

La maestra Mendieta sonrió.

—Bueno, Anita, no sé si Juanito te dijo que yo no doy consejos. Dar consejos es una gran responsabilidad para cualquiera. Lo que puedo hacer es ayudarte a ver las diversas rutas que puedes tomar para resolver tu problema y las consecuencias que podrían traer tus acciones. Pero serás tú quien tendrá que decidir qué hacer.

—Sí, maestra. Juanito no mencionó nada de eso, pero me gustaría contarle todo, y yo voy a escuchar lo que usted quiera decirme. Y, por supuesto, yo decidiría cualquier cosa por mí misma.

—Pero hoy, Anita, estoy a punto de irme. Voy a encontrarme con mi hijo en el centro. Me invitó a comer. Dime, ¿Juanito se ha mantenido en contacto contigo?

—No, maestra. Bueno, no sé si ha tratado de llamarme. Lo que pasa es que últimamente no he tenido dinero para comprar tiempo para mi teléfono. Invertí todo mi dinero en libros y materiales que necesito para la escuela.

—Bueno, Juanito me llamó la semana pasada y me dijo que está bien. Cruzó la frontera y ya está trabajando y buscando a su padre. Dijo que llamaría el sábado porque quiere que yo le lleve algo de dinero a su madre. Él enviará ese dinero a mi nombre. Me dijo que sería difícil para ella retirarlo porque no tiene ninguna identificación con foto. Si quieres, ven el sábado, a cualquier hora. Puedes pasar el día aquí y podemos charlar. Déjame ver... Sí, voy a estar en casa el sábado. Puedes traer tu tarea y hacerla aquí.

—¿Tiene usted acceso a internet?

—Claro, niña, y está a tu disposición.

—Muchas gracias, maestra. Veré lo que tengo que hacer para estar aquí el sábado. Vendré temprano porque siempre ayudo a mi mamá con las tareas del hogar por la tarde.

—Excelente, Anita. Si me perdonas, tengo que prepararme para irme.

—Muchas gracias, maestra. Aprecio mucho el tiempo que me ha dedicado. Nos vemos el sábado.

—Sí, Anita, te estaré esperando.

Miguel cruza la frontera y llega a Los Ángeles

Una vez que Jenny y Miguel cruzaron la frontera, se dirigieron hacia el norte por la carretera interestatal 805, pero Jenny se desvió de la ruta en la primera rampa que encontró para dirigirse a un hospital Kaiser. Una vez en el estacionamiento de esa institución, detuvo el auto y habló con Miguel.

—Mira, vamos a usar el baño aquí, que es seguro. Cuando volvamos al auto, te explicaré cómo le vamos a hacer.

Salieron del vehículo y fueron al edificio en cuyo vestíbulo se podía leer:

"Servicios Ambulatorios"

—Aquí está el baño de hombres. Ve y nos vemos aquí dentro de un rato.

Después de un rato, Miguel salió del baño y esperó a Jenny. Cuando ella llegó, regresaron al coche para continuar el viaje hacia el norte, por la misma carretera interestatal 805. En el camino, Jenny explicó:

—Todavía nos faltan por recorrer muchos kilómetros para llegar a Los Ángeles. No sé si El Conchas te dijo que es posible que tengas que caminar un poco.

»Al cabo de como una hora, llegaremos a Fallbrook, ahí tenemos uno de nuestros contactos. Él se hará cargo de verificar si el punto de control de la *Migra* en Temecula está abierto. Si no está abierto, si no hay revisión, continuaremos inmediatamente atrás de nuestro contacto. Pero si hay control de la *Migra*, tendrás que caminar como por treinta minutos hasta el tope de la colina. Después yo te recogería en un lugar que ya te diré dónde queda. Te repetiré el plan más tarde para aclarar todo y te daré instrucciones detalladas. Por ahora, no te preocupes.

Antes de llegar a Fallbrook, Jenny hizo una llamada telefónica.

—Oye, oye, oye…, ¿cómo te va, Joe?

—Bien, ¿y tú, mi *chula*, mi chica linda?

—Muy bien, *chulo*, ja, ja. Mira, necesito un servicio. ¿Estás disponible?

—Solamente porque se trata de ti.

—¡Genial! ¿Por qué no nos vemos en *El Toro* para hablar?

—Ya estás, *sale y vale*.

—*Ok*, nos vemos en unos veinte minutos. Estamos acercándonos a Escondido, por la carretera quince.

Más tarde, cuando Jenny y Miguel entraron al estacionamiento de *El Toro*, una tienda y carnicería mexicana en Fallbrook, vieron un vehículo que les hacía señales con las luces.Jenny estacionó su auto al lado. Joe salió de su coche y fue a saludar a Jenny. Ella lo invitó a entrar a su vehículo. Una vez dentro, y después de las presentaciones correspondientes, desarrollaron un plan de acción y comenzaron a ejecutarlo.

Joe se fue inmediatamente para ver lo de la *Migra*. Jenny esperó unos diez minutos antes de arrancar su auto. Luego, Joe llamó.

—Tienen suerte, no hay moros en el... ¿qué?, siempre olvido ese viejo dicho. Pero, de todos modos, no hay *Migra* en el punto de control. Pueden pasar libremente.

Después de haber oído a Joe, Jenny aceleró, pero al acercarse donde la *Migra* usualmente montaba un retén, bajó la velocidad del auto a setenta millas por hora, la máxima tasa de velocidad permitida en California.

Después de aproximadamente dos horas, Jenny y Miguel entraron al área de Los Ángeles.

—Miguel, Mike, ja, ja, ¿dónde vas a *caerle*?

—Bueno, no lo sé. No tengo ni idea.

—Qué carajo, y yo debo regresar a *TJ* por otro *pollo*. Déjame ver.

Inmediatamente, Jenny llamó a Tijuana.

—Hola, mi Conchas, ya la hicimos. O, como dicen por acá, "misión cumplida", ja, ja.

—¿A Los...?

—*Ten, four, perro.* Oye, ¿qué pasa con el *pollo* que está en espera?

—No, bueno, mira, su familia allá no tiene lo que se necesita. El jefe me dijo que debíamos esperar, pero, ya sabes, la cuenta está subiendo a diario. El problema es que si su familia no tiene dinero para pagar *la letra* ahora, mucho menos tendrán más adelante. Quieren venir a recogerlo. Y, ya sabes, el jefe ya les dijo cuánto tienen que aflojar para volverlo a ver. Entonces, nada en absoluto, por ahora, hasta nuevo aviso. No te olvides, muñeca, ese perro debe darte el resto de la *lana*, ¿de acuerdo?

—No, no me olvidaré. Entonces, nos veremos en unos días, a menos que surja algo.

—Sí, no te preocupes. Y asegúrate de depositar mañana todo el dinero que recaudes de ese *chavo*. Cuando abran el banco, asegúrate de estar allí, esperando. Ya sabes que el jefe se la pasa revisando todos los depósitos, mami. Ah..., y no te olvides de quedarte con tu parte del trato, pero no lo gastes todo, tienes que invitarme a algo en *Las Pulgas.*

—Ya sabes que yo no voy a ningún lugar ni cercano a ese agujero sucio en la pared. Te invitaré a otro lugar, ¿sale?

—¡Sale y vale!… Cuídate.

—Adiós.

Juanito continúa tierra adentro

Antes de salir el sol, el conductor del autobús escolar amarillo fue a despertar a Juanito.

—Buenos días, chaval. Oye, es hora de despertar, nosotros ya nos vamos.

—Sí, buenos días. Gracias. Me quedé bien dormido.

—Lo que pasa es que estabas cansadísimo. Mira, nosotros ya nos vamos. Te regalaría la cobija para que te la llevaras, pero sé que te estorbaría. Oye, tienes buena suerte porque si más migrantes cruzaron anoche, lo más probable es que los de la *Migra* los hayan agarrado porque nadie más pasó por aquí. Los *coyotes* y sus *pollos* siempre llegan aquí antes de que las caravanas sigamos nuestro camino hacia el sur, y nadie pasó por aquí en las últimas 24 horas. Quería decirte también que hay un señor que anda por ahí y que te podría llevar a McAllen. Si te quedaras aquí, estoy seguro de que la *Migra* te apañaría. Y si caminaras por la carretera principal, también te levantarían. Mejor le pagas una *luz* al señor para que te acerque a McAllen, o a cualquier otro lugar en el Valle. Nosotros tenemos que irnos. Lo siento. Espero que te vaya bien, Juan.

—No, no, no se preocupe. Espero que a ustedes les vaya bien también. Y gracias por todo. Que tengan un feliz viaje.

—Olvídate de lo de "feliz viaje", Juan, yo lo único que espero es que los monos de uniforme de tu país, tus compatriotas, no abusen de nosotros como casi siempre quieren hacer. A veces, son el diablo. Pero ya estamos acostumbrados. Qué otra nos queda. En esto nos ganamos la vida. Buena suerte, Juan. Espero que encuentres a tu papá; o si no, que cuando menos encuentres una hermosa *mamacita*, ja, ja, ja. Adiós.

Juanito todavía estaba en el estacionamiento, pensando en qué hacer, cuando un señor mayor de edad se le acercó. El señor llevaba a un niño de la mano.

—Buenos días, ¿eres Juan?

—Sí, sí, yo soy Juan. Buenos días, ¿y cómo supo mi nombre?

—La cosa es que... estaba hablando con los muchachos de la caravana, la que acaba de salir, y me dijeron que tal vez ibas a necesitar un *raite*. Ya tengo a una pasajera con su hijito en la *troca*. Si quieres, puedo llevarte a *Edinburgo* o a cualquier otro lugar.

—Y ¿de a cómo es el *tiro*?

—Sabes qué, ya me caíste bien. Veo que piensas rapidito. Mira, así le vamos a hacer: vas a ver los caminos que tomo para que la *Migra* no nos pesque; y al final del viaje, me das lo que tú creas que es justo. Hoy quedaré satisfecho si saco para pagar el combustible y para comprarle una bicicleta a este niño que no deja de molestar para que le compre una. Ya me tiene hasta la coronilla, hasta el fin del mundo.

—Bueno, de ser así, vámonos.

—La señora y su hijo nos están esperando en la *troca* que estacioné en el *parqueadero* que está al cruzar la calle. Es una camioneta tipo *pickup* verde. No es conveniente que caminemos juntos; entonces, allá te espero. Ten cuidado y no te confíes. Camina mirando siempre por dónde vas. Mira a tu alrededor. Si ves monos en uniforme…, sigue caminando como si no hubieras visto nada. Y no vayas a correr por ningún motivo. Allá te veo.

Después, Juanito caminó solo hacia la camioneta. En su camino, no vio a ningún uniformado.

Cuando ya todos estaban en la camioneta, el señor puso en marcha el vehículo y partieron. Tomó una ruta entre los campos agrícolas. Era un camino de terracería. Conducía lentamente porque, según él, no quería levantar nubes de polvo. A veces, disminuía la velocidad para mirar mejor el horizonte y observar el paisaje antes de continuar.

Durante el viaje, todos tuvieron la oportunidad de conocerse entre sí. El conductor era el hijo de un bracero que había llegado al valle en la década de 1940, cuando el Programa Bracero estaba en su apogeo. La señora era ciudadana estadounidense de ascendencia mexicana. Estaba casada con un joven que había llegado al valle, desde el Estado de México, hacía tres años, e intentaba obtener legalmente los documentos para la estadía autorizada de su esposo en los Estados Unidos. Su esposo residía en Reynosa, en espera de la documentación final. Cada dos semanas ella iba a visitar a su esposo.

—Yo voy y regreso sin ningún problema, y puedo viajar por la carretera principal sin miedo, pero ya me acostumbré a viajar con don Paco. Él me lleva hasta *Edinburgo*, así no tengo que transbordar en McAllen.

Juanito tuvo la oportunidad de contar su historia también. Explicó que buscar a su padre era la principal razón que lo había traído a los Estados Unidos.

—Mira, muchacho, eso es como buscar una aguja en un pajar. Yo espero que lo encuentres y, si lo haces, espero que no se haya emparejado con nadie, porque de ser así, tu esfuerzo sería en vano. Si yo estuviese en tu lugar, mi meta sería trabajar e intentar poner algo de dinero en mi bolsillo. Después, el tiempo ya diría. Pero déjame decirte una cosa: si no trabajas, el poco dinero que puedas haber traído contigo se evaporará como el éter.

—Gracias, don Paco, tiene usted razón. Yo había pensado algo similar después de hablar anoche con los amigos de la caravana. A propósito, don Paco, ¿tiene usted algún trabajo para mí?

—Ay, *mijo*, ves que trato de llegar a fin de mes haciendo esto, dando *raites* a la gente, y... No, no tengo un trabajo para ti. Y ahora la temporada de trabajo ya está terminando aquí. Como puedes ver, casi no hay gente en los campos. En nuestro camino, podremos ver algunos hombres trabajando en la reubicación de las tuberías de riego o haciendo otros trabajos. Aparte de eso, hay trabajo en las *yardas*, en los terrenos de las empresas agrícolas. Pero esos puestos se los dan a trabajadores con años de experiencia de trabajo en los ranchos, los que tienen a su cargo el mantenimiento de los camiones y tractores.

—Disculpe, Cindy —intercedió Juan— así dijo que se llama, ¿verdad?

—Sí, sí.

—¿Sabe usted de algún trabajo disponible por aquí?

—Bueno, como dice don Paco, la temporada de trabajo por aquí se está terminando. Hay algunos trabajos en la ciudad, en restaurantes, en el lavado de autos o recogiendo basura, pero debes tener tus papeles en orden. Lo que pasa es que, ahorita, uno se puede ir con un contratista, uno que lleve gente a trabajar en la Florida y más allá. ¿Verdad, don Paco?

—Sí, por supuesto. Si quieres, Juan, yo te pongo en contacto con un contratista que lleva gente a los campos, a la cosecha del tomate, a ver si te puedes enganchar.

—Sí, sí, por favor, póngame en contacto con cualquiera que tenga un trabajo para mí.

Mientras proseguían su camino hacia McAllen y Edinburg entre los campos agrícolas y los márgenes de los canales de irrigación, hablaron de las posibilidades de que Juanito se pusiera en contacto con un contratista. Don Paco se detuvo en una intersección y les pidió a sus pasajeros que se hundieran en sus asientos hasta ver lo que se acercaba en el cruce.

—Ya está, no se preocupen. Es uno de los que reparan rociadores, es amigo mío.

El amigo de don Paco conducía un tractor que remolcaba una plataforma doble-eje de carga con una pila grande de tubos largos para el riego.

Cuando pasó frente al vehículo de don Paco, comenzó un diálogo a gritos.

—Hola, *Pacorro*, ¿qué pasa? *Hey*, no *marches*, ¡ya ponte a trabajar!

—Como tú pagas mi renta, ¿verdad?, ja, ja, ja. Oye, ya en serio, te espero esta noche, en mi casa, vamos a jugar baraja. Te traes suficiente dinero para perder, ja, ja, ja.

—Si salgo temprano del *jale*, allí te caigo. No te preocupes. Voy a volarte todos tus ahorritos, ya verás.

—Y tú, mejor paga todas tus facturas antes de esta noche porque te voy a dejar en cero.

—Ja, ja, ja, este *bato*, ja, ja, ja.

Ambos amigos se saludaron con un gesto de sus manos, y los dos siguieron su camino.

Después de unos minutos, don Paco dijo:

—Estamos cerca. Juan, si te vas a quedar en McAllen, daré vuelta a la izquierda en la próxima esquina. Tú me dices.

—Bueno, no lo sé, don Paco. ¿Usted sabe dónde podríamos encontrar al contratista que me venía diciendo?

—Bueno, mira, voy a llamar a este camarada. Dependiendo de lo que me diga, trataremos de reunirnos con él, en algún lugar. Y si no contesta, dejaré un mensaje y esperaremos a ver si me devuelve la llamada. Espero que todavía ande en el valle. Mientras, iremos a *Edinburgo* a dejar a esta chica a su casa. Relájate, Juan, todo llega a su debido tiempo.

Don Paco llamó al contratista. La conexión se fue al mensaje de voz. Don Paco se identificó y solicitó la devolución de la llamada. Luego, conduciendo por las calles de McAllen, tomó el camino a Edinburg, en dirección a la casa de Cindy.

Al llegar al frente de la propiedad, ella pagó por el viaje y se despidió de Juanito, deseándole buena suerte. Después, caminó hacia la entrada de su casa y, antes de entrar, Cindy se giró para hablarle al *raitero*.

—Ya sabe, don Paco, nos vemos en dos semanas.

Don Paco asintió, sonrió y partió.

—Bueno, Juan, este *compa* no me ha devuelto la llamada. Si no lo ha hecho, probablemente ya se fue de aquí. Sé de otro contratista que lleva gente directamente a Immokalee, Florida, al tomate. No lo conozco, pero dicen que estaciona su transporte en Pharr, en el estacionamiento del Whataburger. Si quieres, vamos para allá. Y no te preocupes, si ese contratista no está allí, hay otro que estaciona su camioneta al lado de la Basílica de Nuestra Señora de San Juan del Valle, la que está cerca del restaurante Whataburger. También podríamos ir a verlo. El chiste es que te enganches hoy.

—Sí, sí, don Paco. Ese es el chiste. Muchas gracias.

—De nada, Juan. Oye, ¿por qué no me pagas? Como dije, lo que creas que es justo.

—No, don Paco. No tengo manera de pagarle todo lo que está haciendo por mí. No solo el viaje, sino también la orientación y todo lo demás. Mire, este es todo mi capital. —Juanito puso un montón de billetes en la mano de don Paco.

Don Paco vio el gran fajo, pero se decepcionó al darse cuenta de que era dinero mexicano.

—Oh, mi..., ¿no tuviste tiempo para cambiar tu dinero? Debiste decirme; recién pasamos por un lugar de cambio de moneda. Voy a regresar, queda como a tres cuadras.

Luego, dirigiéndose a su nieto, don Paco dijo:

—Creo que hoy será el día en que compraremos tu *baica*, *papito*. El niño sonrió.

Fueron a la casa de cambio. Juan bajó, sacó el montón de pesos mexicanos que anteriormente le había entregado a don Paco, los contó y los cambió por dólares. Cuando regresó y entró en la camioneta, puso todos los dólares en manos de don Paco. Don Paco tomó algunos billetes y devolvió el resto a Juanito.

—Toma, Juan. Gracias. Que te vaya bien y que algún día regreses. Me gustaría saber que encontraste a tu papá, o saber si supiste superar todas las adversidades que este país te va a presentar. Vámonos.

Noticias alarmantes

Era sábado por la mañana, una semana después de que el comandante Benavides de la Policía Estatal hubiese estado en la maquiladora, cuando sonó el teléfono de Armando García.

Antes de responder, verificó su identificador de llamadas y se dio cuenta de que la persona que llamaba era el licenciado Romero. "No voy a contestar", pensó.

Estaba girando hacia su lado derecho para continuar durmiendo; pero, con un movimiento repentino, se levantó rápidamente y dejó la cama. Angélica se despertó.

—¿Qué pasa, amor?

—Ah, perdón. Recordé que debía hacer una llamada telefónica.

—Yo escuché que te llamaron a ti.

—Te lo explicaré. Voy al baño. Todavía estoy medio dormido.

El ingeniero García fue al baño y cerró la puerta antes de devolver la llamada.

—¿Qué pasa, querido amigo?

—Estaba a punto de llamarle de nuevo, *Inge*. Llamé a nuestro contacto del ayuntamiento. Me dio noticias, pero no son buenas, *Inge*. Me dijo que hoy, a las once de la mañana, están programados para intervenir la compañía y que esta vez es la policía federal.

—¿Podría darse el caso de que lo único que quiera nuestro contacto es más dinero, amigo?

—Yo no lo creo. Anoche lo fui a ver para mejorar la oferta, tal como habíamos quedado, y él aceptó esperar el resto de la *lana*. Como sabe usted, él es una persona que merece toda mi confianza. No hablaría solo por hablar. También me dijo que no usáramos nuestros teléfonos porque lo más probable es que en algún momento los intercepten, si acaso aún no lo han hecho. Mire, tan pronto como termine de hablar con usted...

—Un momento, Romero. Vamos a colgar, y le llamaré de nuevo, ¿sí? No salga de su casa.

—Pero la cosa es que... Oh, *oki*, está bien, entiendo, *Inge*.

Ambos colgaron.

—Amor, discúlpame otra vez, pero necesito tu teléfono celular. No, no, mejor utilizo uno de los teléfonos de los niños.

—¿Qué está pasando? Cálmate y dime qué está pasando. Ah, anoche vi uno de los teléfonos de los niños por el sofá. Ve a ver si aún está allí.

—De acuerdo..., estoy revisando; pero, por favor, levántate de inmediato. Te explicaré todo.

Armando fue al sofá, encontró el teléfono de uno de sus hijos y marcó el número fijo del licenciado Romero.

—*Romo*, ¿dónde está?

—Sí, *Inge*. Puedo oírle. Me tenía... Bueno, le dije a nuestro contacto que tan pronto como terminemos de hablar, yo saldría para la oficina a continuar con las modificaciones de la documentación de Mariela. Entonces, necesito que venga a la oficina a firmarlos, para que cuando lleguen los federales todo esté en orden. No recuerdo si le dije que nuestro contacto me advirtió que no usáramos nuestros teléfonos. Estoy muy ansioso, es la verdad, ya ni siquiera sé lo que digo. Lo siento.

—No, no tiene que preocuparse. Solo recuerde lo que hemos hablado, para que estemos en la misma página. Mire, yo tengo una reunión con el director de la escuela de mis hijos temprano por la mañana, así es que llegaré a la oficina alrededor de las nueve.

—No, *Inge*. No nos daría suficiente tiempo para hacer tantas cosas. Véngase ahora mismo. Dígale a su esposa que ella vaya a la reunión de la escuela, por favor.

—Bueno, voy a llegar tan pronto como sea posible, pero hagamos algo, Romero: destruyamos nuestros teléfonos celulares tan pronto como nos sea posible, ¿de acuerdo?

—Ok, *Inge*, sí. Entonces, nos vemos en la oficina. No llegue tarde, por favor. Cuanto antes pueda usted llegar, mejor.

—En eso, estamos en la misma página, Romero. —Armando colgó el teléfono y volvió a su recámara.

—Angélica, llama a tu madre. Dile que venga a hacerse cargo de la casa por unos días, que tenemos que viajar a la Ciudad de México por un asunto crítico. Dile que vamos a estar llamándola todo el día, para explicar los detalles.

—Sí, pero primero tienes que decirme lo qué está pasando.

—Te lo explicaré en el camino. No hay tiempo que perder.

—Escuché parte de lo que estabas hablando con el licenciado Romero. Dime, ¿qué voy a ir a hacer yo a esa maquiladora?

—No, mi amor, no iremos a la oficina, pero debemos irnos ya, ahora.

»Te explicaré todo cuando estemos en camino.

—No tienes que explicarme nada. Creo que sé lo que está pasando. Lo he sabido desde hace mucho tiempo, pero preferí pensar que estaba equivocada. Vuelvo enseguida. Voy a hablar con Mary para que despierte a los niños a la hora habitual, y los preparare para que se vayan a la escuela. También llamaré a mi mamá, ingeniero García. Ah, no, qué tonta, hoy es sábado, los niños no van a la escuela hoy. Todavía estoy medio dormida. Bueno, voy a hablarle a mamá.

Mientras Angélica estaba preparando una maleta con dos cambios de ropa para cada uno de ellos, Armando fue a su armario y sacó una bolsa blanca alargada de las que se utilizan para llevar depósitos en efectivo al banco. Estaba en una caja fuerte, al lado de un revólver. El ingeniero García puso la bolsa del dinero en la maleta que Angélica había preparado.

Eran las seis y media de la mañana cuando salieron de la casa. Armando condujo rápidamente hacia el Puente Libre, por uno de los tres viaductos que conectan Ciudad Juárez, México, con El Paso, Texas.

Al acercarse a ese puente sobre el Río Bravo, Armando notó que la fila de autos que esperaban para cruzar la frontera era muy larga. Dio una vuelta en U y fue al estacionamiento más cercano. Antes de apagar el motor, Armando salió del coche, puso su teléfono celular debajo de uno de los neumáticos traseros y volvió a subir al coche. Movió el auto para adelante y para atrás, muchas veces. Recogió los restos del teléfono celular y los llevó a un bote de basura.

—Vamos mujer. Deberías tener zapatos de tacón bajo o tenis. Hay que caminar mucho.

—Aquí están, Armando. Traje un par de zapatos deportivos. Espera, me voy a cambiar las botas. Y, ya lo sé, no me tienes que decir, tengo que apurarme.

Llegaron donde las personas que querían cruzar hacia El Paso formaban una larga fila. De hecho, estando cerca, se dieron cuenta de que eran dos líneas.

Armando tomó a Angélica de la mano y comenzaron a caminar rápidamente entre esas dos filas de gente. Cuando llegaron al frente, Armando sacó un papel de su billetera y se lo mostró al guardia que estaba vigilando para que nadie avanzara sin esperar su turno.

Una vez que leyó ese papel, el guardia los dejó pasar al siguiente módulo.

Entre el punto donde se encontraron con el primer guardia y el mostrador del agente de inmigración, había otra fila de personas, esta vez era una línea corta.

Tomaron su lugar y Armando, en voz baja, dijo:

—El pase que le mostré al guardia es para emergencias médicas. Un amigo mío me lo dio.

Le diremos al agente de inmigración que vamos a las ventas exclusivas en las tiendas, ¿está bien?

—Pero…, bueno, está bien, como tú digas, Armando.

—Ten listos los pasaportes locales, por favor.

—Ya los tengo en mi mano, Armando.

La línea avanzó rápidamente, y pronto Angélica y Armando estaban frente al agente de inmigración.

—¿A dónde van?

—Vamos a las ventas exclusivas del sábado, señor.

—¿Tan temprano?

—Bueno…, es que primero vamos a desayunar en el Denny's.

—También hay un Denny's en Ciudad Juárez, ¿no? Señor, ¿hay alguna razón por la que esté usted tan nervioso? Me doy cuenta de que está temblando.

—No, no. La verdad es que veníamos en nuestro auto, pero tuvo una falla antes de llegar aquí. Por eso tuvimos que caminar y, bueno, hace un frío… Eso es.

—Discúlpenme un segundo.

El oficial de inmigración dejó su escritorio y se acercó a un monitor que estaba como a tres pasos de su puesto. Consultó algo en la pantalla y regresó con los pasaportes en la mano.

—Está bien. Veo que cruzan con regularidad. Pero siempre vienen en coche y traen a sus hijos. ¿Qué pasó hoy? Bueno, no importa. Adelante. Espero que hagan muchas y buenas compras.

Armando sintió aún más frío cuando dio los primeros pasos en territorio estadounidense. Pero caminaba apurado y pronto comenzó a sudar.

Armando y Angélica no sabían exactamente a dónde ir. Angélica iba casi corriendo detrás del paso acelerado de Armando.

Llegaron a una terminal de autobuses donde encontraron asientos vacíos en la sala de espera. Armando le sugirió a Angélica que se sentara a descansar por unos momentos.

—Mira, Angélica, cerca de aquí hay una agencia National de alquiler de autos. Allí podríamos rentar un coche para luego decidir a dónde ir. Y creo que el autobús que va al aeropuerto sale de este lugar. Esas son las dos opciones.

—Para, para, por favor. Si alquilamos un automóvil, te pedirán una identificación. ¿Quieres que todo mundo sepa que has alquilado un auto? Y ¿sabes los horarios de salida de los vuelos? ¿Tú crees que no estarán vigilando si intentamos salir del área? Y ¿qué pasaría si el próximo vuelo no es hasta esta tarde o noche? ¿Crees que son tan tontos como para no enviar boletines a los aeropuertos de Juárez y a los de aquí, El Paso?

—Entonces, ¿qué hacemos, Angélica?

—Vamos a regresar a las oficinas de la *Migra* a solicitar un permiso para ir más allá de Anthony, Texas.

—¿Cómo te atreves a decir eso, Angélica? No podemos volver a esa línea de nuevo. Deberías haberme dicho antes, cuando estábamos allí.

—Pero si ya lo sabes. Siempre lo has sabido. El pasaporte local solo nos permite ingresar a El Paso. No podemos ir más allá del puesto de control de inmigración que está a las afueras de Anthony. Allí, si no tienes tu permiso, te mandan de regreso.

—Entonces, ¿qué podemos hacer?

—¿Quieres ir más al norte así, sin papeles? ¿Tienes suficiente dinero, Armando?

—Sí, traje suficiente, al menos eso creo.

—Bueno, primero debemos encontrar un lugar de cambio de dinero.

—No es necesario, tengo todo en dólares.

—*Ok*, entonces, vamos a ver si podemos convencer a un taxista para que nos lleve. Vamos, Armando.

Fueron a una parada de taxis y, una vez allí, Angélica le dijo a Armando:

—No queremos ningún taxi que esté en el sitio, en espera. Busquemos un taxi que regresa vacío. Lo haremos allá, a la vuelta de la esquina. Cuando veas uno, le pides que se detenga. Nos acercamos a él y me dejas hablar a mí.

A la vuelta de la esquina, y siguiendo las instrucciones de su esposa, Armando hizo una señal al primer taxista que vio venir.

Ambos subieron al auto.

—Buenos días, señor. ¿Habla usted español?

—Sí, sí, es lo único que sé. Déjenme dar la vuelta y luego me dicen a dónde vamos. Si otro taxista ve que los recogí aquí, me podría denunciar, y el sindicato me asignaría una multa.

Después de hacer una vuelta en U, el taxista condujo lentamente.

—Ahora sí, por favor, díganme a dónde vamos.

—Vamos a Anthony, señor.

—De acuerdo.

—Aunque..., queríamos preguntarle..., ¿hay algún camino vecinal por donde pueda evitar pasar por el puesto de control de la *Migra* en Anthony?, porque queremos ir a Las Cruces, pero hoy solo tenemos nuestros pasaportes locales.

—Miren, sí, sí hay un camino que no pasa por el puesto de control de la *Migra*. Ese camino es el que luego se junta con la Interestatal 10. Déjenme decirles, el viaje hasta Las Cruces va a ser costoso, ¿están de acuerdo? A ver, díganme, sean honestos conmigo, tal vez yo pueda ayudarles, pero háblenme con la verdad. ¿A dónde quieren ir? ¿Señor, se está robando usted a esta hermosa mujer?, ja, ja, ja.

—No, no, de ninguna manera. Somos marido y mujer. Lo que pasa es que una vez solicitamos visa para ir más allá de Anthony, pero nos la negaron porque no teníamos cuenta en el banco, ni propiedades en Juárez. Por eso, esta vez no solicitamos la visa. Y sí, claro, como usted dice, hay que hablar con la verdad: queremos ir a Los Ángeles.

—Por ahí es por donde deberían haber empezado, mi amigo. Verá, hay un McDonald's por la carretera, antes de llegar a Las Cruces. Ese lugar es una de las paradas de la Limousina, la *Limo* es un autobús que viaja de El Paso a Los Ángeles. Sale de El Paso por la mañana y hace una primera parada en ese McDonald's, para que los pasajeros puedan comprar algo de comer y usen los baños. Lo que puedo hacer es llevarlos hasta ese lugar. Me iría por el camino que no pasa por el puesto de control de inmigración. Les cobraría el doble de la cantidad que marque el taxímetro, porque me regresaría vacío. ¿Qué piensan? Me detendré aquí por un momento, para que piensen, porque si no quieren pagar tanto, volveré a mi base de inmediato.

—No, señor, vámonos. Adelante. No hablemos más —dijo Armando sin consultar a Angélica.

—Así se habla, señor. Vámonos. No es que quiera meterme en sus asuntos, pero ¿y su equipaje?

—¡Qué ingenioso es usted, señor! —dijo Angélica, dejando escapar una risa.

—Disculpe, señorita, ¿qué no es usted una modelo? Creo que la he visto en revistas de aquí, en El Paso.

—Bueno, señor, eso fue en mi vida anterior, hace muchos años. Ahora soy la esposa de mi querido Armando y la madre de mis tres hermosos hijos.

—Bien por usted. Pero yo bien sabía que usted había sido modelo.

La maestra Mendieta y su hijo se encuentran en un restaurante

Cuando la maestra Clara llegó al restaurante donde iba a encontrarse con Pedro, él ya estaba allí, con su teléfono al oído. Pero al ver que su madre se acercaba, concluyó su llamada y se levantó a saludarla.

—Hola, mamá, qué bueno que pudiste venir. Estaba hablando con Sofía, te manda abrazos y besos.

—Gracias. Todo mi amor para ella. Qué placer verte, hijo, principalmente porque ya no sé de ti. Me tienes en el abandono.

—Oh, no, mamá, no digas eso. Reservé tu mesa favorita, con vistas al hermoso jardín.

Pedro se dirigió a la recepcionista:

—Señorita, estamos listos.

La recepcionista los llevó a su mesa y les entregó el menú del día.

—Ahora, dime, por favor, ¿qué es de tu vida?

—Sí, madre. En casa, todo sigue igual. Sofía y los niños se mantienen en buena salud y van "avanzando, siempre avanzando", tal como solía decir papá.

—Y tú, ¿por qué ya no vienes a verme? Bien sabes que me gusta que vengas con tu familia a visitarme, y que me llevo bien con tu esposa. No te puedes quejar. Además, los niños animan mi espacio. Los amo. Vengan a casa, cocinaré algo sabroso para todos.

—Si, mamá. Pronto te visitaremos, lo prometo.

Madre e hijo disfrutaron de una comida agradable y tuvieron una conversación que incluyó recuerdos de la época en que vivía don Valente, esposo de la maestra Mendieta y padre de Pedro. Cuando estaban degustando un postre preparado con papaya y miel, Pedro cambió de tema:

—Mamá, quiero pedirte un favor.

—Por supuesto, ¿en qué puedo ayudarte, *papá*?

—Bueno, sé que sigues en contacto con tus exalumnos, algunos de los cuales ahora son jóvenes universitarios u hombres y mujeres profesionales. Pues, me gustaría que, por favor, pasaras información sobre mi partido; mira, estos folletos, por ejemplo.

Pedro sacó un montón de coloridos folletos con mensajes proselitistas y se los entregó a su madre. Al ver los materiales, ella exclamó:

—Oh, no, hijo mío, mejor pago la cuenta. No, no, no. ¿Cómo crees que...? No, hijo mío. Mira, eso es precisamente lo que me ha quitado el sueño, pensar que te involucres más en ese partido político, o en cualquier otro partido. No, hijo, lo siento. Sabes, mis alumnos siguen cerca de mí porque nunca les he mentido. Ahora tú, mi hijo, ¿me pides a mí compartir mentiras? No, eso no.

—Mamá, estas no son mentiras.

—Perdón, hijo, pero... Yo soy tu madre, nadie te va a decir que todo eso está lleno de mentiras, pero como eres mi hijo, yo me atrevo.

—Si lo piensas bien, mamá, estamos cambiando. Queremos hacer todo lo necesario para que nuestra gente se supere y para que la región y el país sigan progresando, sigan adelante.

—Sí, hijo. Y desearía que hubiera más personas como tú en ese partido político y en todos los partidos políticos del país. Personas que hacen cosas de corazón. Sé que tú así lo haces, sé cómo actúas. Espero que con el tiempo no te decepciones. Pídeme cualquier otra cosa y vas a ver que estaré contigo hasta el final, como siempre he estado.

—Es que estoy muy entusiasmado con mi carrera política, mamá. Tenemos un nuevo grupo de personas que se adhieren a los preceptos de quienes comenzaron nuestra organización. Queremos lo mejor para nuestras comunidades. Eso es lo que explica esta información. Pero bueno...

—No, hijo, tú levanta la cabeza. Si eso es lo que quieres hacer, te pido que hagas lo mejor que puedas. Pero ahora me gustaría saber cómo va tu vida profesional.

—Bueno, es así como todo empezó: envié una solicitud de trabajo, me entrevistaron y verificaron mis conocimientos en informática, me pidieron que realizara el análisis de un montón de encuestas de población, de esas que el partido lleva a cabo en la región sureste del país. Utilizando todos los resultados que obtuve, desarrollamos plataformas políticas para ayudar a nuestros candidatos a ganar. Ahora superviso todas las encuestas que se conducen por todo el territorio nacional y las tareas que me asignan en el ayuntamiento son únicamente para suplementar los ingresos que recibo de mi puesto técnico--administrativo.

—Suena bien, hijo. Sé que eres inteligente y que sabes cómo seleccionar los caminos por los que andas. Sin embargo, debes tener cuidado. Ve cómo están las cosas hoy en día. Y, por favor, discúlpame por no querer ayudarte con lo que me pides. Perdería toda la credibilidad que tengo con mis jóvenes y señoritas, a quienes tanto amo. Como sabes, la mayoría de ellos llegan a casa pensando que van a salir de ella con un buen trozo de asesoramiento, un consejo, o con un remedio casero para aliviar sus males sin darse cuenta de cuánto más ellos me traen a mí. Mis exalumnos me dan mucho más de lo que reciben de mí, y no estoy hablando de los regalos o los artefactos que me entregan, sino de toda la alegría que siento cuando los veo llegar a visitarme. Y es ese amor el que perdura, el que siento cuando los veo llegar y, luego, cuando los veo partir.

—No digas más, mamá, porque me vas a hacer llorar. Mira, esta noche voy a pedirle a Sofía que coordine horarios, para ver si podemos ir a verte el sábado o el domingo, ¿de acuerdo?

Pedro guardó la propaganda en su portafolio. Luego, se levantó de la mesa, tomó el bolso de su madre, se lo entregó y salieron del restaurante.

—Sí, hijo, llámame y quedaremos en un día. Saludos y mi amor para Sofía y los niños.

Pedro se despidió de su madre con un beso en la mejilla.

Juanito viaja a Immokalee, Florida

Don Paco llevó a Juanito al restaurante Whataburger de Pharr.

Con tanta suerte que, en el estacionamiento, encontraron al contratista que podía darle trabajo al joven.

—Buenos días, ¿o serán ya tardes?

—Buenas tardes, ¿cómo están? —contestó el contratista extendiendo su brazo para dar su mano.

—Cirilo Manjarrez, a sus órdenes.

—Francisco Castro, un gran placer, y...

—Juan Roca, señor, a sus órdenes.

—Entonces, quieres trabajar, ¿eh? ¿Te gustaría viajar? —preguntó Cirilo a Juanito.

Y volviéndose a don Paco, dijo:

—Francisco, tú eres del valle, ¿qué no?

—Sí, sí, yo vivo aquí. Y sí, Juan es el que quiere trabajar. Voy a entrar a comprar algo para este niño que me viene molestando. ¿Por qué no hablan, y cuando regrese me dicen lo que han decidido? —propuso don Paco.

—De acuerdo, don Paco. Lo resuelvo con el jefe —dijo Juan.

—Por favor, dime Cirilo, Juan, así no me pongo mandón, ni me siento viejo, ja, ja.

Cirilo explicó a Juanito que, si quería ir a trabajar en los cultivos de tomate en Immokalee, Florida, tenía que comprometerse a trabajar durante, al menos, ocho semanas, porque nadie iba a querer transportar a un trabajador para que, una vez en el área donde hay trabajo, lo dejara para irse a trabajar con otro patrón. Cirilo también le dijo a Juanito que, si se animaba, el viaje sería largo, y que tenía que pensarlo bien, porque una vez en el camino, no habría marcha atrás. Cirilo agregó que, durante las primeras ocho semanas, Juanito tendría que vivir en la *traila*, una casa sobre ruedas propiedad del contratista, y que Cirilo deduciría una cantidad razonable del pago de Juanito para cubrir el alquiler.

—Mira, no te sientas presionado, hay otros contratistas que pueden acercarte a donde hay trabajo cobrándote solo por el servicio de transporte y, al llegar allí, podrías trabajar con quien tú quieras. Voy a hablar con don Paco, allí adentro, y volveré para ver qué has decidido. Mientras, habla con el grupo de hombres que están en la camioneta. Vas a ver que solo queda un asiento disponible, si queremos viajar cómodamente. Si estás listo, compra algo para el camino y podemos irnos de inmediato. El *jalón* es de como de mil quinientas millas por la Interestatal 10, la que va por la costa norte del Golfo de México. Nos vamos en unos minutos.

Juanito fue a visitar a los ocho hombres que estaban en una camioneta para doce pasajeros. Y, después de hablar con ellos, pensó que unirse a la cuadrilla de Cirilo era su mejor opción. Entonces, Juanito entró al Whataburger y le dijo a Cirilo:

—Cuando usted diga, jefe. Estoy listo. Nomás déjeme ir al baño y comprar algo para el camino.

Casi veinticuatro horas después de partir de Pharr, Cirilo y su cuadrilla llegaron a Immokalee.

—Llegamos, muchachos, *ya la hicimos*. Creo que ahora sé cómo se llevan entre ustedes. Entonces, tengo tres cuartos en la *traila*. Cada uno de ellos tiene tres catres individuales. Voy a asignarles un cuarto y dos compañeros. Luego, se irán acomodando a su gusto. No quiero quejas, por favor. Oh, en la cocina hay ollas y utensilios de todo tipo para cocinar. Si usas algo, lo lavas.

Hablaremos de otras cosas a medida que pase el tiempo. Esta noche la cena corre por mi cuenta. Recuerden que mañana comenzamos a trabajar. Si quieren, iremos a comprar provisiones después de la cena, para que puedan preparar su *lonche* para mañana. Los que han llegado sin dinero, díganmelo para comprarles algo para comer mañana, y les llevaré su cuentecita. No se preocupen, siempre anoto todo, ja, ja, ja. Los que me han acompañado en años pasados deberían saberlo. Los que vienen conmigo por primera vez, indaguen con los otros para que sepan cómo barajo las cartas yo. Nos vemos más tarde. Voy a ver a mi gente.

Cirilo fue a la casa principal de la propiedad. Después de una hora y media, regresó a la *traila* a ver a los muchachos de su cuadrilla. Llevaba suficientes burritos de carne molida con frijoles y otros de chile relleno para alimentar a todo el mundo; también llevó una jarra de agua de limón. A todos les gustó la cena, que se convirtió en una fiesta. Alrededor de las nueve de la noche, Cirilo interrumpió el alboroto.

—Muchachos, mañana comenzaremos temprano, así que sería mejor que descansemos. Como saben, el trabajo se siente pesado durante los primeros días. Pero ninguno de ustedes se me va a quebrar, lo sé. Yo ya veré cómo la mueven cada uno de ustedes. Entonces, buenas noches. Los veo antes del amanecer, ¿de acuerdo?

—Está bien —respondieron todos.

A la mañana siguiente, Juanito fue uno de los primeros en despertarse. Fue directamente al baño, se cepilló los dientes e hizo ejercicios de estiramiento muscular. Todos los miembros de la cuadrilla estaban listos antes de que Cirilo fuese a recogerlos.

Cirilo llegó en la misma camioneta con la que viajaron desde Texas. Todos saludaron a Cirilo; abordaron el transporte y Cirilo se dirigió a los campos de tomate. Cuando llegaron, Cirilo repartió cubetas de plástico donde recoger el producto, y le dio a cada trabajador una tarjeta de cartón con puntos de perforación intactos, donde llevar el conteo del número de cubetas cosechadas por cada trabajador.

—Recuerden, hijos míos, ja, ja, cada vez que llenen una cubeta completa, traigan su tarjeta para ser perforada y, por favor, no pierda sus tarjetas, valen tanto como dinero en efectivo. Todos los días transfiero el número de cubetas cosechadas al libro general de contabilidad, para que mi contador pueda llevar un registro de todo. Su primer cheque saldrá corto, porque tomaré en cuenta únicamente el conteo de mañana. Entonces, en su primer cheque, solo recibirán pago por lo que hagan hoy y mañana. ¿Tienen ustedes alguna pregunta? Si no, adelante, *lléguenle*. Ah, y no olviden que no me gustan las cubetas a medio llenar, por favor.

»Ustedes no van a aceptar medio pago el viernes, ¿verdad?

Juanito se acostumbró a trabajar rápidamente. Sin embargo, a media mañana, un tremendo dolor tomó el control de su espalda y fue a decirle a Cirilo.

—Juan, por favor, fíjate cómo recogen el producto los demás. No sé cómo decirte, pero siempre andas en cuclillas, y luego te he visto que te quedas mirando a tu alrededor, como si estuviera buscando algo. Pareces el operador del periscopio de un submarino, ja, ja, ja. Bueno, es tu primer día. Descansa un poco, haz unos ejercicios y vamos a ver cómo te sientes después. Hasta ahora, lo estás haciendo bien. Eres uno de los que más ha *piscado*. Déjame ver tu tarjeta. ¡Bien!, solo dos *chavos* están por delante de ti, con dos o tres cubetas. Eso es todo. Descansa un poco.

Juanito descansó por unos momentos, hizo algunos ejercicios de estiramiento y luego siguió trabajando.

El primer día llegó a su fin y Juanito terminó en segundo lugar de la cuadrilla, en términos de la cantidad de cubetas de tomate recogidas. Terminó cansadísimo. Al regresar a su hogar temporal, esperó su turno para tomar un baño de agua fría. Su espalda se lo agradeció.

El segundo día de pago, un viernes, Juanito recibió lo de una semana completa de trabajo.

Al día siguiente, envió la primera remesa de dinero a la maestra Clara Mendieta utilizando un servicio de transferencia de dinero que incluía una llamada telefónica gratis a cualquier parte de México. Juanito telefoneó a la maestra y le dijo que ya estaba trabajando, que le había enviado algo de dinero para que, por favor, se lo diera a su madre. Cuando Juanito se despidió, le dijo a la maestra Mendieta que iba a tratar de ponerse en contacto con ella, nuevamente, el próximo sábado y que iba a enviar un poco más de dinero ese día.

Angélica y Armando llegan a un McDonald's cerca de Las Cruces, Nuevo México

El taxista llevó a Armando y Angélica al McDonald's que había mencionado.

Llegó y se estacionó.

—Hemos llegado, señor y señora. Miren, el autobús de la línea Limousine se para allá, en aquella esquina del *parqueadero*.

—Sí, muchas gracias, señor. Aquí tiene. Esto es más del doble de lo que marca el taxímetro. Le agradecería que me diera tres billetes de diez dólares de cambio, y puede quedarse con el resto.

—Oiga, jefe, ¿está usted seguro? Hace tiempo que no recibo una propina tan copiosa. Muchas gracias, jefe. ¿Puedo ofrecerle algo más?

—No, muchas gracias.

—Bueno, mire, el autobús llegará en cualquier momento. Si uno de ustedes va al baño, el otro debería esperar al operador y hablar con él. Lleven algo de comer en el camino, porque creo que después de esta parada, el autobús no volverá a detenerse hasta Tucson, o Phoenix, Arizona.

—Sí, eso es lo que vamos a hacer. Gracias.

Armando y Angélica entraron al restaurante. Ambos fueron al baño. Después, ordenaron algo para comer allí y algo para llevar. Mientras disfrutaban de sus hamburguesas, vieron que un autobús verde, blanco y rojo entraba al estacionamiento del restaurante. Se estacionó en la esquina que el taxista les había dicho. El operador fue el primero que bajó del autobús y se quedó junto a la puerta. Luego bajaron los pasajeros. Armando y Angélica se acercaron al autobús para hablar con el operador.

—Buenos días, señor.

—Buenos días.

—Sí, mire, queremos dos boletos a Los Ángeles.

—Oh, el problema es que solo tengo un asiento disponible. Tal vez si hablan con la señora que acaba de bajar, la del suéter azul brillante. No sé si la vieron. Bueno, ella trae a su hijo de unos tres años. Lo que pueden hacer es pedirle que acepte llevar al niño en su regazo. Solo entonces podría llevarlos a los dos. Nadie puede viajar de pie. Lo siento.

—Bueno, sí, hablaremos con ella. Gracias.

Entraron al restaurante y ubicaron a la señora del suéter azul. Estaba alimentando a su hijo.

—Buenos días, señora —dijo Angélica primero, luego Armando.

—Buenos días.

Angélica explicó la situación a la señora. La señora rechazó la idea argumentando que era un viaje muy largo, "entre doce y catorce horas". Pero Angélica prometió que la ayudaría a cuidar al niño y, finalmente, la convencieron.

Armando se acercó al operador, que estaba comiendo una Big Mac y papas fritas, para informarle de que la señora había aceptado.

Luego, preguntó cuánto costaría el viaje.

—Mire, no puedo tomar dinero en efectivo. Cuando lleguemos a Phoenix, paga usted en la oficina.

El siguiente tramo del viaje a Los Ángeles, Angélica y Armando viajaron sentados en asientos separados, distantes. Angélica hablaba con su compañera de viaje, quien regresaba a casa, en el área de Los Ángeles, después de haber ido a Ciudad Juárez a un funeral. Esa mujer no quería hablar mucho; solo comentó que su hermana menor había desaparecido recientemente, un sábado, después del trabajo, y que luego había sido encontrada muerta. Al contar lo anterior, la mujer rompió a llorar. Angélica también dejó escapar un par de lágrimas.

Al llegar a Phoenix, Armando bajó a la oficina a pagar los boletos. Allí, hubo un descanso de media hora que Armando y Angélica aprovecharon para hablar.

—No soporto más a ese niño, Armando.

—Lo sé, mi amor.

—No, no sabes nada. Y ni se te ocurra decirme "mi amor" de nuevo.

—¿Qué te pasa, Angélica?

—No habíamos tenido tiempo de hablar, pero, para empezar, solo vengo contigo porque eres el padre de mis hijos, porque sé que me necesitas y porque siempre trato de dar un giro bueno a cualquier mala situación. Solo eso. Mira, Armando, hace unas semanas fui a la tintorería a recoger tus camisas. Cuando llegué a casa, comencé a ordenar tu clóset, como siempre hago. Mientras hacía eso, sentí la vibración de un teléfono celular. Me di cuenta de que estaba en tu chaqueta color café, la que ya casi no usas. Saqué el teléfono y vi que el identificador decía "Mariela". No digas nada. No quiero saber más sobre eso. Al lado del teléfono, en el mismo bolsillo de esa chaqueta, había algunos recortes de periódico con varias notas rojas y el retrato de una niña. La foto de la niña parecía haber sido separada de otra cosa porque mostraba un par de pequeños agujeros en la parte superior, de esos que quedan cuando sacas las grapas. Pasaron tantas cosas por mi mente que no te puedes ni imaginar. Pero preferí pensar que tú no podrías estar involucrado. Y me repetí lo mismo mil veces hasta que me convencí de tu inocencia. Desde entonces, y aunque sé que ni siquiera lo has notado, he tratado de ser una mejor esposa, una mejor madre, una mejor persona. He dejado de salir tan a menudo con mis amigas, y te he tratado como a un rey. Y ¡ahora me sales con esto! Bueno, el operador nos está llamando. Vámonos.

Armando bajó la cabeza y siguió a Angélica hasta el autobús.

El tiempo pasó volando. Pronto, como indicaban las señales de tráfico, se acercaron a Indio, California. Angélica llamó la atención de Armando y le pidió que fuese al asiento donde ella estaba. Cuando Armando llegó a su lado, Angélica dijo:

—*Hey*, por favor, pregúntale al operador si va a detenerse en Indio.

Armando fue a hablar con el chofer y volvió con la noticia.

—Me dijo que estaremos allí unos veinte minutos y que frente a la terminal está el restaurante Mexicali, en caso de que quisiéramos comer algo rápido.

—Entonces, nos bajaremos para ir a ese restaurante. No tengo hambre, pero necesito ir al baño.

El autobús llegó a Indio y el operador anunció que permanecerían en esa estación por veinte minutos. Los pasajeros bajaron. Armando y Angélica corrieron al restaurante Mexicali, pidieron una torta cubana y una de jamón para llevar, así como algo para tomar. Mientras esperaban su orden, los dos fueron al baño. Al regresar, conversaron.

—Armando, no creo que esté bien que vayamos a Los Ángeles. ¿Qué pasa si, por alguna razón...? Oh, he estado pensando en tantas cosas que no sé. Ya no sé nada.

—Bueno, si eso es lo que dice tu intuición, déjame hablar con el operador y ver qué...

—No, Armando, es que como apenas si llevamos equipaje, ¿por qué no nos quedamos aquí, en Indio?

—Esa no es una buena idea, Angélica. Parece un lugar pequeño, y no estamos familiarizados con él. No, Angélica.

Cuando la mesera llevó lo que habían ordenado, Angélica le pidió que, por favor, pusiera todo el pedido para llevar. Pagaron y se fueron. Cruzaron la calle y esperaron la salida del autobús de pie, junto a la unidad.

Una familia de cinco personas se quedó en Indio y nadie subió en esa estación, por lo que Angélica y Armando pudieron sentarse juntos el resto del viaje. Así, continuaron hablando y haciendo planes. Hablaban en voz baja.

—Mira, estaba hablando con la señora compañera de viaje. Bueno, cuando su hijo nos dejaba.

Vive en el área de Los Ángeles y es de Villa Ahumada, nuestro pueblo, es paisana. Es una linda
persona. Me dio su número de teléfono. Dijo que
en caso de que necesitemos algo, le llamáramos.
También me comentó que en Los Ángeles los al-
quileres de las casas están por las nubes, que
ella y su familia viven con sus suegros para aho-
rrar. Y me dijo muchas otras cosas que luego te
comentaré. Pero lo que quería decirte ahora es
que la señora Mayra me advirtió que la terminal
del *Limo* en Los Ángeles está en una zona peli-
grosa. Su esposo la va a estar esperando; por
esa razón, se atreve a llegar hasta allá. Ella me
sugirió que bajemos en la estación de East Los
Ángeles porque en esa área hay negocios que
permanecen abiertos hasta tarde. Me dijo que la
terminal está sobre la calle Olympic Boulevard,
cerca de un McDonald's, en una zona donde hay
bastante iluminación.

—Bueno, entonces ¿por qué no nos quedamos allí?

—Bueno, allí nos bajamos. Voy a avisar al
operador.

—No, Armando. Cuando lleguemos a ese lugar, simplemente nos bajamos y ya. No le digas
nada a nadie.

—Vale, vale.

—Cambiando de tema, recuerda, vine solo
para acompañarte, pero una vez que te instales,
volveré con mis hijos. Sabes que no podría vivir

sin ellos. También, tan pronto como lleguemos a un teléfono, los voy a llamar. Estoy muy preocupada. Espero que mi madre haya ido a quedarse con ellos. Mary los atiende bien, pero no hay nada mejor que el amor de su abuela.

—Bueno, yo tampoco podría vivir sin ellos, pero si las cosas no están seguras ahora, será mejor poner algo de tiempo y espacio de por medio.

—Hablemos más sobre eso, Armando. Tus acciones hablan por sí mismas. Creo que esta vez, sí, no vas a terminar bien.

—Oh, no sabía que supieras cómo desearme el bien, Angélica.

—Sé cómo desearte el bien... y más, Armando. Me estoy dando cuenta de que, después de todo este tiempo juntos, tú eres quien todavía no me conoce.

El contador de Makila huye

Después de haber hablado por teléfono con el ingeniero García, el licenciado Romero fue a las oficinas de la compañía.

Cuando llegó, la única persona que vio era el guardia de seguridad.

Estaba dentro de la cabina, a la entrada del estacionamiento.

—Buenos días, don Nacho, ¿lo desperté?

—Buenos días, amigo. No, no, los guardias no dormimos cuando estamos despiertos, ja, ja, ja. Permítame un momento, por favor. Voy a quitar los candados para abrir la puerta.

Una vez en su oficina, el licenciado Romero se dispuso a seguir trabajando en los documentos que había dejado pendientes.

De vez en cuando, revisaba la pantalla de monitoreo del estacionamiento para ver si veía llegar al ingeniero García. Con el paso del tiempo, la ansiedad del licenciado aumentaba y, sin razón aparente, comenzó a hiperventilar.

El resto del personal administrativo inició su llegada poco antes de las ocho de la mañana y el resto de los empleados, más mujeres que hombres, comenzó a llegar a partir de las ocho y cuarenta.

Cinco minutos después, el licenciado Romero llamó al Instituto Franklin. Nadie contestó. "¿Habrá reuniones en esa escuela los sábados? O, podría ser que..." Colgó el auricular y fue al pequeño cuarto que estaba en la esquina de la oficina. Tomó una bolsa alargada, la que siempre solía usar para ir a depositar efectivo en el banco. Parecía estar llena de dinero. Luego pidió a uno de los choferes de la compañía que lo llevara al Banco HABC, sobre la carretera Panamericana.

Al llegar al estacionamiento del banco, el licenciado Romero le dijo al chofer:

—Necesito hablar con el auditor del banco. Cometieron un error en el cambio de divisas la semana pasada. Vaya a la tienda de donas, la que está cerca del mercado del centro y, por favor, traiga dos docenas para llevar a la oficina.

—Seguro que sí, licenciado Romero. Voy a tratar de apurarme.

—No, no se preocupe. Este problema llevará mucho tiempo.

El chofer obedeció.

El licenciado Romero entró al banco, saludó al guardia y fue a uno de los escritorios. Lo hizo caminando a paso lento. Cuando el licenciado Romero llegó cerca de un escritorio, una ejecutiva del banco estaba asistiendo a una joven pareja. El licenciado Romero dio media vuelta y salió del banco por una puerta lateral. Caminaba rápido. Tan pronto como vio pasar un taxi, hizo una señal extendiendo su brazo derecho y el taxista se detuvo.

El licenciado Romero subió al taxi.

—Buenos días, señor, ¿a dónde?

—Buenos días. Por favor, lléveme a..., bueno, nomás siga por la Panamericana, por favor.

—¿Algún lugar en particular?

—Cuando nos acerquemos se lo diré. Estamos a pocas cuadras, después del centro comercial, a la salida de Juárez, en la última calle.

—Oh, sí, sí. Ya sé. Cuando nos acerquemos, dígame exactamente dónde quiere que me detenga, por favor.

—Casi me olvido, señor, ¿está bien si le pago con dólares?

—Eso sería de gran beneficio para mí, señor. No son billetes falsos, ¿verdad?

—No, no se preocupe.

El taxista se dirigió hacia donde el licenciado Romero le dijo. Al llegar al centro comercial, el último que se encuentra al extremo sur de Ciudad Juárez, el licenciado Romero habló:

—Me bajo por aquí. Gracias.

Pagó con un billete que, al tipo de cambio monetario del día, era alrededor de tres veces lo que el taxímetro leía, y dijo:

—Aquí está. Quédese con el cambio. Muchas gracias.

—¡Oh, uh, uh!, y pensar que yo no quería salir a trabajar hoy sábado. Muchas gracias, amigo. Buena suerte.

El licenciado Romero entró en la primera tienda multiservicio que vio. Se dirigió al área donde un cartel decía "Cambio de divisas" y esperó en una fila de personas frente a una ventana. Después de cambiar una parte de los dólares que llevaba a pesos mexicanos, el licenciado Romero compró pan, aguacates y dos botellas individuales de agua.

Al pagar por la mercancía, pidió una bolsa de panadería extra.

Antes de salir de la tienda, fue al baño. Una vez dentro de un apartado, el licenciado Romero sacó todo el dinero de la oblonga bolsa bancaria, lo metió en la bolsa de papel extra que había pedido en la tienda y desechó la bolsa bancaria en un recipiente de basura.

Salió de la tienda y caminó hacia la derecha, en dirección sur. Antes del final de la zona urbanizada de la ciudad, se detuvo al borde de la carretera y, con una señal de mano, les indicó a los autobuses que pasaban que hicieran alto. Después de un tiempo, un autobús de la línea Transportes Chihuahuenses se detuvo. Subió y le dijo al conductor que iba a Chihuahua. Le ofreció un billete de alta denominación para cubrir la tarifa.

—Pagará cuando lleguemos a Chihuahua, señor. Tengo dos asientos libres a medio autobús, tome el que usted desee.

Después de agradecerle al operador por su cortesía, el licenciado Romero fue a sentarse.

La mamá de Angélica llega a Residenciales Cantabria

Esa mañana, cuando Angélica telefoneó a su madre, la señora Antonieta aún dormía. No obstante, se preparó rápidamente para cumplir con el favor que su hija le había pedido.

Tomó un autobús público de la ruta Oriente-Poniente y se sentó al lado del conductor del autobús.

La señora Antonieta no recordaba bien lo que Angélica le había pedido porque su hija le había hablado rápido y ella, durante la llamada, todavía estaba somnolienta. Todo lo que la señora Antonieta sabía era que tenía que ir a la casa de su hija lo antes posible. Algo que rara vez hacía, porque era Angélica quien, por lo general, visitaba a su madre los fines de semana o iba a verla durante las vacaciones.

La señora Antonieta se bajó del autobús a dos cuadras de Residenciales Cantabria, donde vivía su hija. Caminó hacia allí y, cuando llegó a la puerta de entrada, el guardia salió de su cabina para preguntarle a dónde iba.

La madre de Angélica explicó que iba a casa de su hija, y le dijo otras cosas al guardia, sin que este quedara convencido de dejarla pasar. Discutían cuando apareció Mary.

—Buenos días, señor. La señora es la suegra del ingeniero García. Buenos días, señora Antonieta. Por favor, pase. La señora García me dijo que usted vendría.

—Con su permiso, señor —le dijo la señora Antonieta al guardia.

Ya dentro de la residencia:

—Oh, qué linda mantiene usted la casa, Mary.

—Sí, señora. Yo sé. Pero es difícil mantenerla limpia. A veces hay tormentas de arena, y el polvo entra por todas partes. Y ahí me tiene, desempolvando todo, todas las cosas, ¡ay, ay, ay! Los niños todavía están dormidos. ¿Gusta usted una taza de café?

—Oh, Mary, son demasiados problemas.

—Ningún problema en absoluto. Le traeré crema y azúcar para que lo disfrute como a usted le guste.

—No, Mary, no. Vamos a la cocina y allí preparamos todo juntas, ¿de acuerdo?

Las dos mujeres se dirigieron hacia la cocina a preparar café y comenzaron a hablar de diversos temas. Intercambiaron información sobre los acontecimientos de esa mañana y concluyeron que, debido a que todavía estaban medio dormidas cuando Angélica les trató de explicar, lo que Mary y Antonieta recordaban era que tenían que cuidar la casa y a los niños durante unos días.

—Si no recuerdo mal —dijo Antonieta—, Angélica me dijo que iban a ir a Ciudad de México, pero no sé a qué.

La Policía Federal clausura y embarga la maquiladora Makila S.A.

Ese mismo sábado, poco antes de las once de la mañana, un contingente de tres coches y cuatro autobuses de las fuerzas federales llegó a la entrada de la maquiladora Makila S.A.

Otro grupo de uniformados había llegado antes, en otros dos medios de transporte, y se había quedado en la parte de atrás de las instalaciones de la empresa, junto a los almacenes y los puertos de carga y descarga de materiales.

Dos oficiales vestidos de civil salieron de uno de los autos y se dirigieron hacia el puesto del guardia de la maquiladora.

Después de una breve conversación, don Nacho abrió la puerta. Los tres autos y un autobús lleno de hombres uniformados entraron al estacionamiento de la compañía. Otros agentes bajaron de los vehículos restantes para vigilar a las personas que pasaban por la calle y verificar el tránsito de automóviles a lo largo de uno de los callejones laterales de la maquiladora.

De una de las otras unidades salieron dos individuos más. Iban vestidos con traje y corbata. Llevaban chaquetas azul marino con una insignia de la agencia estadounidense DEA en la solapa.

Los primeros dos agentes entraron a la planta y subieron a las oficinas, escoltados por tres hombres uniformados que portaban armas de fuego.

Dentro de las oficinas, preguntaron por el ingeniero García.

El contador asistente dijo que aún no había llegado.

—Tú eres el responsable cuando el ingeniero García no está aquí, ¿verdad?

— No, señor, yo solo soy el asistente del director de contabilidad.

—Y tu jefe es..., déjame ver. —El agente revisó una lista del personal de la compañía que llevaba en sus manos. —El licenciado Romero, ¿dónde está él?

—Fue al banco, señor. Estará de vuelta en…, bueno, debería haber vuelto ya.

El agente, con la ayuda de sus colegas, explicó que estaban allí para ejecutar la orden de clausura y embargo judicial de la empresa. Pidió que nadie moviera nada de sus escritorios y que bajaran a esperar mientras la operación estaba en marcha. Además, reafirmó que nadie podía abandonar el lugar.

—Hay un interfono aquí, ¿correcto?

—Sí, señor. Está sobre el escritorio del licenciado Romero.

El agente tomó el micrófono, lo encendió y anunció a todos los trabajadores presentes en el área de trabajo que nadie podía abandonar la maquiladora hasta que tuvieran permiso para hacerlo y que debían formar una línea para dar información personal.

Inmediatamente, el agente llamó a sus oficinas y pidió hablar con un colega del Comando Central, uno que era parte de la operación que estaban llevando a cabo y que habían nombrado Operación MaKiller.

—Hola, colega. Parece que alguien les dio el *pitazo*. Necesito dos cosas tan pronto como sea posible. Por favor, envía unos agentes al ayuntamiento. Diles que vayan directamente al módulo de informática a investigar quién pasó la información confidencial. Esa persona no va a vivir para contarlo. El otro favor es que envíes el boletín que habíamos planeado. No se te olvide incluir como destinatarios a todos los medios de comunicación y a las administraciones de los aeropuertos, tanto aquí como en el lado estadounidense, ¿de acuerdo? Ah, otra cosa, por favor, manda un par de agentes a la casa del ingeniero García y una pareja más a la casa del contador. Vamos a ver qué nos pueden decir. Diles que lleven un par de uniformados también..., por si acaso.

—*Ten, four.*

Mientras los agentes federales hablaban con el personal de la maquiladora, un grupo de policías uniformados buscaba evidencias en los almacenes de la compañía, en la parte de atrás de la planta.

Allí, entre otras cosas, encontraron tres pirámides de cajas de cartón sobre paletas (palés) de madera; aparentemente, la carga estaba lista para ser enviada.

Cuando revisaron el contenido de varias cajas, encontraron algunos componentes ensamblados de computadoras y otros dispositivos electrónicos; pero en otras, disimuladas entre las legítimas, descubrieron bolsas de cristal (metanfetamina), *Texas shoeshine* (un inhalante) y *brown sugar* (heroína) ocultas entre los componentes. La policía etiquetó cada una de las cajas con una descripción del contenido.

Anita vuelve a visitar a la maestra Clara Mendieta

Eran aproximadamente las once de la mañana cuando Anita volvió a visitar a la maestra Clara Mendieta.

—Hola, Anita, me alegro de verte. Pasa, por favor.

—Buenos días, maestra. Gracias. Mire, le traje un mantelito para la mesa de su cocina. Luego quiero tejer uno para la mesa de su comedor.

—Ay, Anita, qué hermoso mantel. No te hubieras..., Bueno, muchas gracias. Ven, siéntate. ¿Quieres algo de tomar?, te noto cansada. ¿Caminaste mucho?

—No, no, lo que pasa es que desde hace unos días me canso fácilmente. Mi madre dice que ahora debo alimentarme el doble, porque cuando fuimos a ver a la curandera nos dijo que yo estaba embarazada.

—Mírate tú, tan pequeña y bonita. Ah, no sé ni qué decirte. Eso me emociona: los embarazos, todo el cuidado, toda la atención que uno recibe. Bueno, cuando yo di a luz, hasta el parto me supo a miel. Mira, Anita, déjame terminar de sazonar el pollo porque esta noche mi hijo y su familia vendrán a cenar. Mientras tanto, aquí hay algunos folletos. Échales un vistazo. Hablan sobre el período de gestación. Pero si no te gusta lo que lees, nomás ve las bellas imágenes y los dibujos. A mí me gustan mucho. Vuelvo enseguida.

Más tarde, cuando la maestra Mendieta salía de la cocina para volver a reunirse con Anita, sonó el teléfono.

La maestra levantó el auricular.

—Bueno...

—Buenos días, maestra. Encantado de saludarla.

—El placer es mío. Pero más será tuyo. Espera.

La maestra se acercó a Anita y, muy emocionada, dijo:

—Anita, ven, por favor, es Juanito. Él es quien está al teléfono.

Anita dejó los folletos que estaba revisando y, con gran alegría en sus ojos, se dirigió a donde estaba el teléfono.

—Hola...

—No lo puedo creer, ¿eres tú, Anita?

—Sí, soy yo. ¡Qué bueno saber de ti!

La maestra Mendieta le indicó a Anita que estaría en el patio. Anita y Juanito siguieron hablando.

Después de aproximadamente media hora, Anita fue al patio a buscar a la maestra. La encontró debajo de un frondoso árbol de mango. Estaba leyendo.

Tan pronto como la maestra Mendieta vio a Anita, se levantó y caminó hacia ella.

—Sí, Anita.

—Juanito quiere hablar con usted, maestra.

Ya al teléfono, la maestra dijo:

—Sí, Juanito.

Hablaron unos minutos más, antes de despedirse.

—Bien, Anita. Es un gran placer saber que mis exalumnos siguen siendo responsables. Juanito me aseguró que va a cumplir con sus obligaciones. Me dijo que del dinero que está enviando hoy, te diera un poco para que ahorres. ¿Qué piensas tú?

—Oh, bueno, me da mucha emoción, maestra.

—Entonces, mira, lo que vamos a hacer es que cada vez que Juanito envíe dinero —y me dijo que sería un sábado sí y uno no—, tú vienes a mi casa para ir juntas a retirarlo. Luego, haremos los cálculos necesarios y la distribución del efectivo para que tú le lleves a su mamá la parte del dinero que le corresponde. ¿Crees que así es correcto?

—Me parece bien, Miss Clara.

—Entonces, estamos de acuerdo, Anita.

—Sí, maestra. Ah, le iba a preguntar: ¿me presta los folletos para leerlos en casa?, porque le dije a mi mamá que esta tarde la ayudaría, y ya es hora de irme. Quiero cumplir con mis obligaciones.

—Qué hermosa, Anita, creo que serás una buena esposa y madre. Por supuesto, llévate los folletos y, si tienes alguna pregunta, llámeme.

Tal vez pueda responder tus preguntas, si no, te diría dónde podrías encontrar respuestas a tus inquietudes. No te preocupes.

—Bueno, maestra, entonces, si no llamo antes, vendré en dos semanas, ¿de acuerdo?

—Sí. Y si alguna vez necesitas el internet, no dudes en venir a usar mi sistema.

—Muchas gracias, maestra.

—Bueno, pensándolo bien, ¿por qué no vienes mañana y nos vamos al centro comercial? Allí retiraría el dinero que Juanito envió hoy, te daría tu parte y luego tú podrías llevarle el resto a su mamá.

—Y ¿qué tal si nos vemos frente al *mall* del centro, a la hora que usted diga?

—Me doy cuenta de que eres rapidita de pensamiento, Anita. Ese es el plan, nos vemos mañana allí, a las once en punto, ¿de acuerdo?

—La estaré esperando, maestra. Gracias. Nos vemos mañana.

—Hasta mañana, Anita. Cuídate.

—Sí, maestra.

Miguel hace su hogar en El Monte, California

—Entonces —dijo Jenny—, ¿qué vamos a hacer? Si no tienes gente en Los Ángeles, ¿dónde diablos te voy a dejar?

—Bueno, la verdad, no sé. Nomás llévame cerca de un lugar donde haya vida nocturna y me quedaré por ahí. Ya mañana, yo veré cómo me las arreglo.

—No, no, no. Te ha costado mucho esfuerzo y dinero. Si te dejo nomás por ahí, la policía podría levantarte y sería el final del chiste. Mira, como ves, ya es de noche. Voy a ir a la casa de mis tíos cerca de Los Ángeles, en Monrovia. Si me abren la puerta, me quedaré con ellos. Lo siento, pero si lo estás pensando, no podría invitarte a pasar a su casa. Tendría que dar una explicación que, de todas maneras, no iban a creer. Ellos no conocen todos los sombreros que me pongo. Entonces, mira, si me abren la puerta, te quedarás en el auto a dormir. Mañana, yo saldría temprano, antes de que mis tíos despertaran, y te llevaría a un lugar seguro. ¿Qué piensas de eso?

—Está bien, todo lo que tú digas se hará.

Continuaron por la autopista 15 hasta Ontario. Luego, Jenny tomó la Interestatal 10, hacia el oeste, y después de media hora, dejó la carretera en la salida de Peck Road, en la ciudad de El Monte. Viajó por Peck Road hacia el norte hasta llegar a los límites de la ciudad de Monrovia. Detuvo el auto en una gasolinera Arco, en Live Oak Avenue, para que Miguel fuera al baño.

Cuando él salió de la gasolinera, Jenny continuó por Peck Road. Después de dos cuadras, giró a la izquierda dos veces y se estacionó frente a una casa de la Ansley Avenue.

—Ya llegamos, Miguel. Aquí es. Te dejo una cobija ligera, pero calientita, para que te cubras. Y, no lo olvides, necesito el resto del dinero.

—Sí, déjame ver. Aquí tienes la otra mitad —le entregó un fajo de dólares—. Gracias. Ve y mañana nos vemos. Gracias, Jenny.

Jenny fue a la puerta de la casa de sus tíos, llamó a la puerta y alguien le abrió.

A la mañana siguiente, muy temprano, Jenny fue al auto a encontrarse con Miguel, que ya estaba despierto y se frotaba las manos como para resistir el frío.

—Buenos días, Mike, ¿cómo estás? Te estás congelando. Aquí, a unas cuadras, sobre la Peck, hay un lugar donde venden café.

Fueron a una panadería, sobre Peck Road, para hacerse con una taza de café y una pieza de pan dulce mexicano. Cuando Jenny estaba a punto liquidar la cuenta, Miguel la invitó.

—Todavía tienes algo de dinero, ¿eh?

—Sí, pero no mucho. Tengo que empezar a trabajar de inmediato.

—Eso es lo que te iba a decir. Mira, vámonos. Te explicaré.

Se subieron al auto, ambos con una taza de café caliente en la mano.

—La Peck Road es una calle excelente. Tan pronto como lleguemos al área comercial, verás muchas tiendas, restaurantes, un expendio de tamales, una estación de servicio, una llantera y un lugar de venta de autos usados. Bueno, creo que podrás darte cuenta.

—Sí, pasamos por Peck anoche.

—Qué bueno que recuerdas. Todo va a estar bien, verás. Y lo siento, pero tengo que regresar a *Tijuas* porque si no salgo con viajes, no tengo nada que comer. Tú sabes. Entonces, esto es lo que yo creo que deberías hacer..., pero tú decides. Déjame *parquear* para explicarte otras cosas.

Jenny entró al estacionamiento de un Motel 6 sobre Peck Road y estacionó su auto.

—Lo que creo que deberías hacer, Mike, es ir a pedir trabajo a todos los establecimientos comerciales sobre Peck Road. La mayoría de los propietarios, o gerentes de los establecimientos, hablan español. Si no, pues tú practicas tu inglés. Diles: "*I'm looking for a job*", ja, ja, ja. Ya en serio, creo que alguien te va a dar un trabajo hoy mismo. De estas personas, muchas han llegado a Estados Unidos como tú, como mis padres, cruzando el muro, indocumentados, *sin papeles,* y estoy segura de que te van a echar la mano. Eso sí, si eres honesto. Da lo mejor de ti y verás cómo encontrarás trabajo, o hasta conseguirás algo más, ja, ja, ja. Ya estoy hablando como anciana. Doy consejos y tiro sermones como lo haría mi abuela, ja, ja, ja. No te vayas a molestar, por favor.

—No, Jenny, al contrario, gracias. Sé que te espera un largo trayecto hasta Tijuana, así que mejor déjame aquí. Voy a seguir tus consejos, por supuesto. Con suerte, un día, nos volveremos a ver.

—Bueno, si te instalas en esta área, es posible, uno nunca sabe. El mundo, después de todo, es un pequeño lugar. Buena suerte, Miguel, Mike.

Miguel salió del vehículo. Jenny retrocedió su auto y salió del estacionamiento del Motel 6 de la Peck Road, cerca del Valley Boulevard, en El Monte, California.

Miguel comenzó a caminar hacia el norte por Peck Road y pasó por varios establecimientos comerciales. Algunos todavía estaban cerrados y otros recién abrían. Miguel continuó sobre Peck hasta que encontró el expendio de tamales del que Jenny le había hablado. Entró y pidió una torta de tamal con salsa picante verde y un champurrado.

Al pagar la cuenta, preguntó:

—Disculpe, ando buscando trabajo, ¿tienen algún puesto disponible?

—Bueno, no sé. Aquí trabajamos puras mujeres. No creo que usted sepa embarrar hojas. Los propietarios llegarán más tarde, en caso de que usted quiera regresar a hablar con ellos.

—Sí, gracias, regresaré más tarde.

Miguel siguió andando hacia el norte sobre Peck Road. Se detuvo para pedir trabajo en diferentes negocios. En la mayoría de los establecimientos le entregaban un formulario de solicitud de trabajo en papel y le pedían que regresara con la solicitud completa y que trajera su *mica*, la tarjeta de identificación que acredita al portador como residente permanente en los Estados Unidos. También le decían que tendría que traer su tarjeta del seguro social.

Después de unas tres horas caminando, a eso de las once de la mañana, Miguel llegó a una tienda de reparación y venta de llantas. Un señor mayor estaba sentado a la entrada del establecimiento, mientras un trabajador desmantelaba una llanta y otro revisaba las llantas de un Ford Mustang de 1965.

—Buenos días, señor.

—Buenos días..., ¿qué pasa?

—No, nada, solo que ando buscando trabajo, ¿tiene usted alguna *chambita*?

—No, no, este es un negocio de familia, joven. Solo mis hijos y yo trabajamos aquí. Bueno, yo ya no hago mucho de nada, ja, ja, ja. Y no, nada, no hay trabajo.

—Cualquier cosa que pudiera hacer, lo haría con mucho gusto, señor.

—Lo sé, lo sé. Te vi pasar por la acera al otro lado de la calle. Alguien te va a dar trabajo, ya verás. Y ¿de dónde vienes, cuál es tu tierra natal? No eres de *De Efe*; es decir, de la Ciudad de México, ja, ja, ja. A mí no me importa. Hay buenas personas en todas partes. ¿Cuál es tu ciudad natal?

—Soy de Rosarito, Baja California.

—¿En serio?

—¿No me cree, señor?

—No, bueno…, lo que pasa es que fue en Rosarito donde yo aprendí este oficio.

—¿De veras?

—Sí, llegué a Tijuana… Pero discúlpame, un cliente va a pagar el servicio. Espera.

El señor fue a cobrar por un servicio y luego regresó.

—A lo que iba yo… Te decía que quería pasar para este lado, pero me era imposible, y el dinero se me estaba acabando. En Tijuana, caminé por toda la avenida Revolución, de cabo a rabo, pidiendo trabajo, sin encontrar. Terminé en la calle Tercera, por ahí donde los taxis colectivos salen para Rosarito. Allí, uno de los operadores se enteró de mi situación y me dijo que necesitaban un aprendiz en la primera llantera que estaba a la entrada de Rosarito, a la izquierda, al lado de una estación de servicio. Y ahí fue donde aprendí todo lo relacionado con este viejo oficio. Y aquí me tienes.

El llantero, al recordar su juventud, decidió ayudarlo.

—Mira, en la parte de atrás tenemos un montón de llantas, todas *mixteadas*. ¿Qué te parece, te gustaría organizarlas por tamaño? Te daría algo de dinero.

—Por supuesto que sí, gracias, señor.

El dueño de la llantera extendió su mano y se presentó.

—Pedro, Pedro Hernández.

—Un placer. Miguel Moreno, a sus órdenes.

Inmediatamente, Miguel fue a la parte posterior del taller a realizar el trabajo que le había encomendado don Pedro.

Puso toda su atención en lo que estaba haciendo y terminó rápidamente.

—Ya terminé, don Pedro. Por favor, échele un ojito.

—Bien, vamos a ver.

Don Pedro quedó satisfecho con el trabajo de Miguel.

—Has hecho todo muy bien, Miguel. Me gustaría que hubiera más trabajo y pudieras empezar a trabajar como aprendiz, tal como yo empecé a trabajar en Rosarito.

»Ah, Rosarito…, cuando pienso en ti, puedo escuchar el bello sonido de las olas del mar.

»En el taller de llantas que te estoy contando —dijo don Pedro—, me dieron una esquina para dormir. Había un catre, como el que tenemos aquí, en la parte de atrás. Por las mañanas, me levantaba a preparar café y me sentaba en el borde del catre a escuchar el océano. ¡Qué bonito es recordar, Miguel! Aquí tienes unos dólares. No es mucho, lo sé, pero espérame.

Don Pedro dio media vuelta y fue a hablar con sus hijos.

Luego, don Pedro regresó a hablar con Miguel.

—Mira, Miguel, yo dudo que no vayas a encontrar trabajo hoy, pero en caso de que no consigas nada, regresa el sábado para que nos eches una mano, ¿de acuerdo? Es cuando tenemos más clientes y alguien como tú nos puede ayudar.

—Claro que sí, don Pedro. Disculpe mi atrevimiento, don Pedro, pero ¿no tiene un rinconcito para que yo duerma?

—Eso es más difícil, Miguel. Es cuestión de los seguros y regulaciones de la ciudad. Déjame hablar con estos *gringos* hijos míos. Se han acostumbrado al estilo americano y quieren que hagamos todo de acuerdo con la letra en los libros. Son muy cerrados de mente, a veces. Se olvidan de que yo llegué aquí igual que tú. Si fuera mi decisión... Dame un minuto, voy a hablar con ellos.

Don Pedro, de nuevo, fue a hablar con sus hijos. Al regresar con Miguel, dijo:

—Bueno, andas con suerte, muchacho. Fue difícil, pero lo conseguimos. Puedes quedarte aquí. Eso sí, todo tiene que ser con mucha discreción. Y ten en cuenta que esto es temporal, una o dos semanas como máximo, ¿de acuerdo?

— Sí, muy bien, don Pedro.

Miguel, a la distancia, se dirigió a los hijos de don Pedro:

—Gracias, muchachos.

Don Pedro le dio a Miguel otras instrucciones.

Le dijo que tenía que estar de regreso antes de la hora de cerrar, que una vez que la tienda estuviera cerrada tenía que permanecer dentro, sin poder salir, y que no debería fumar o encender fósforos dentro del taller, en absoluto. Repitió que la estadía de Miguel sería temporal y le señaló que allí, en la parte de atrás, había un baño completo, con agua fría y caliente, y un catre de buen tamaño, con sábanas, cobijas y almohadas limpias.

Don Pedro agregó:

—Mira, Miguel, si quieres dinero rápido, ve a la Home Depot, la que está a la vuelta, sobre Lower Azusa Road. Allí vas a ver a un grupo de jornaleros esperando trabajo. Ve para que conozcas. Si sabes de jardinería o construcción, te va a ir bien.

—Muchas gracias, don Pedro. No sabe cuánto aprecio su amabilidad.

—De nada, muchacho. Ve ahora, que se está haciendo tarde. Buena suerte.

En cuestión de unos días, Miguel ya tenía suficiente trabajo: de lunes a jueves iba a la Home Depot a esperar que alguien lo contratara como jornalero, lo que generalmente ocurría dos o tres días a la semana. Los viernes, trabajaba en el expendio de tamales haciendo una limpieza a fondo. Y los sábados, entre ocho y diez horas, trabajaba como ayudante en la llantera de la Peck Road.

Después de dos semanas de dormir en el taller de llantas, don Paco permitió que Miguel siguiera ocupando el lugar para pasar la noche por una semana más. Además, don Pedro habló con el gerente de un Mobile Home Park, en la esquina de Peck Road y Lower Azusa Road, pidiéndole que le alquilara un remolque individual a Miguel. Allí, en el Mobil Home Park, Miguel se estableció.

Un mes después de partir hacia Estados Unidos, Miguel envió la primera remesa monetaria a su casa. Llamó a su padre y le pidió que usara el dinero para vivir una mejor vida y que, si algo del dinero remitido sobrara, lo utilizara para comprar materiales de construcción. Así, en el futuro, podrían construir un dormitorio más e incluso un espacio comercial en la parte frontal de la propiedad.

Sin embargo, el padre de Miguel nunca tocó un centavo de lo que Miguel estaba enviando; depositaba todas las remesas en una cuenta bancaria que había abierto a nombre de Miguel.

Un sábado, mientras Miguel estaba trabajando en el taller de llantas, alrededor de las once de la mañana, Miguel escuchó una voz femenina que lo llamaba gritando. "¡*Hey*, Mike! ¡Miguel!" Cuando se giró, se dio cuenta de que era Jenny.

—Hola Jenny, ¿cómo estás? Qué placer verte.

—Bueno, bueno..., pues aquí estoy, echando viajes. Sé que estás trabajando, no te preocupes.

Voy a visitar a mis tíos. ¿Te acuerdas? Volveré más tarde.

—Salgo a las siete. ¿Por qué no regresas como a esa hora y vamos por ahí a hacer algo?

—Hecho, regreso a las siete, Mike.

—Te estaré esperando.

Don Pedro había sido testigo de la interacción de Miguel con Jenny, y dijo:

—Míralo, quién iba a decir. Hasta vienen a buscarte. Uy, uy, uy.

—Es una larga historia, don Pedro. Se la contaré durante el almuerzo.

—No, está bien, Mike. Me alegro por ti. Oh, juventud, divino tesoro. O, como dicen ahora, ¡oh, my God! Ja, ja, ja.

Eran las seis y media de la tarde cuando la clientela del taller de llantas comenzó a disminuir. Miguel fue a preguntar a los hijos de don Pedro si querían que los ayudara con algo más. Ambos dijeron que no. Entonces, Miguel fue a pedirle permiso a don Pedro para salir temprano.

—Por supuesto, Miguel. Solo que voy a descontarte una hora de tu salario, ja, ja, ja. Vamos, apúrate. No se te vaya a hacer tarde.

A las siete menos cinco, Miguel estaba listo, esperando a Jenny. Ella llegó a las siete y diez, y se fueron.

Fueron a cenar y a conversar.

Jenny se sorprendió de los logros de Miguel y lo alentó a seguir adelante.

Le dijo que al conocerlo supo que tendría éxito. Luego, frente a la casa-remolque de Miguel, él se animó y dijo:

—Jenny, ¿por qué no dejas lo que andas haciendo y te quedas aquí, conmigo?

—Eres una buena persona, Miguel. Y no me conoces. Será mejor si continuamos como amigos. Ya estoy muy metida en lo que ando haciendo, y no creo que pueda separarme del grupo. Una vez que entras a una *clica* como en la que estoy, es imposible salir. Si me saliera, no estaría segura en ningún lugar. Yo sé lo que te digo.

—Bueno, Jenny, es una oferta abierta. En el momento que quieras, dímelo. Y, por favor, no dejes de visitarme, ¿sale?

—No te preocupes por eso, Miguel. Vendré a verte. Yo vendré.

Enrique sigue los consejos de su esposa.

Siguiendo el consejo de su esposa Dolores, mi querido amigo escritor buscó un indicio que pudiera indicarle de dónde había llegado el anillo de diamantes que había encontrado en su viejo Toyota.

En la primera página de su agenda, descubrió y recordó con placer que durante la última noche del año anterior, Dolores y él habían ido a esperar la llegada del Año Nuevo a la Cantina Hussong's en Ensenada, Baja California. Continuó revisando su agenda y felizmente rememoró agradables momentos de placer. Sonreía, de vez en cuando, al recordar algunas fechas.

Repasó toda su agenda, día por día, sin encontrar nada. Ninguna pista. Sin embargo, en una segunda revisión, al pasar de la última página de agosto a la primera de septiembre, escuchó un sonido agudo que salía de la caja de tarjetas de negocio situada en la parte superior de su escritorio. Pero no puso atención y continuó con lo que estaba haciendo.

Pero cuando empezó a revisar la primera página del mes de septiembre, oyó nuevamente ese sonido peculiar, aunque más intenso. Abrió la caja de tarjetas y el brillo del anillo lo deslumbró. Pensó por un momento, se detuvo y regresó a revisar sus actividades del mes de agosto. No encontró nada inusual.

Sin embargo, cuando pasó sus ojos por un día en el que tuvo dos reuniones de trabajo, se oyó una resonancia aguda que salía de la caja de tarjetas. Pensó, entonces, que algo, posiblemente, podría haber ocurrido ese día, y que quizá estuviera relacionado con el anillo de diamantes que nadie, hasta ese momento, había reclamado.

Pensó en lo que había sucedió ese día, en esas dos reuniones de negocios.

En una de ellas, firmó un contrato para realizar una asignación de trabajo y en la otra entregó un informe. Nadie lo había acompañado a esas reuniones, ni nadie, que él recordara, había estado dentro de su coche.

Volteó la página y comenzó a revisar el mes de septiembre. Pero, en ese momento, el sonido proveniente de la caja de tarjetas sonó más fuerte e intermitentemente.

Regresó a las páginas de agosto.

Enrique seguía intentando recordar lo que había sucedido ese día, además de las reuniones. Por fin, recordó que había escrito algo sobre lo que había sucedido entre las citas de aquel día.

De inmediato, abrió un *folder* que había etiquetado como "Historias".

Buscó el archivo con fecha del 21 de agosto, imprimió la historia correspondiente y se sentó a leer.

Un anuncio del operador del autobús Limousina

Viajando ya en asientos contiguos, Angélica y Armando observaron, con placer, cómo corría el autobús a lo largo de una amplia carretera californiana. Se percataron que estaban cerca de la ciudad de Los Ángeles cuando, a un costado del camino, aparecieron los letreros que indicaban la cantidad de millas que los separaban de esa metrópoli.

Cuando arribaron a la zona urbana, el conductor del autobús salió de la carretera principal y continuó por las calles de la ciudad hasta llegar a una estación. Cuando el operador detuvo el autobús, anunció: "Este de Los Ángeles. Baje del autobús solo si se va usted a quedar aquí. Estaremos aquí por solo unos minutos. Volveré y continuaremos el viaje".

Tan pronto como el operador descendió del autobús, Angélica y Armando se despidieron de la compañera de viaje de Angélica y bajaron. Tal como Mayra le había indicado a Angélica, caminaron al McDonald's ubicado sobre el Boulevard Olympic.

Cuando llegaron, fueron al baño y luego ordenaron algo de comer.

Aunque ya era tarde, por la noche, el restaurante estaba lleno. Algunas parejas conversaban mientras sus niños se divertían en la sala de juegos adyacente.

Cuando terminaron sus alimentos, Angélica le dijo a Armando, en voz baja:

—Fíjate en la pareja que está justo detrás de ti, la de los niños que juegan en el área recreativa. Pregúntales si saben de un hotel cercano.

Armando esperó unos momentos. Luego, sin levantarse, se volvió al asiento de la pareja y les preguntó.

—Disculpe, señor, disculpe, ¿sabe usted de algún hotel cercano?

—Mmm, sí, claro. Aquí, sobre la Olympic, a unas tres cuadras de aquí, hay uno, pero parece que es caro. Hay otros sobre la misma avenida, que creo que son más económicos, pero están más lejos.

—Bueno, para pasar una noche, creo que estaría bien que nos quedáramos en el que está cerca de aquí.

—Oh, *ok*. Déjeme ver, señor. Sí, al salir del estacionamiento, gire a la derecha, avance unas tres cuadras y encontrará el hotel.

—Muy bien, gracias. Disculpe, ¿sería demasiado pedirle que nos haga el favor de llamar a un taxi? Estamos sin auto y sin teléfono.

—Por supuesto, aunque me extraña que no tenga teléfono; parece usted un profesional de alto nivel, un ejecutivo. Bueno, es una broma. No se vaya a ofender. Así soy yo, ¿verdad, vieja? ¡Ja, ja, ja! —dijo el señor volviéndose y dirigiéndose a su esposa.

—Sí, sí, así es como eres. Oye, ¿por qué no nos damos prisa y llevamos a estos señores al hotel?

—Estaría bien, pero los niños todavía no quieren irse. Si nos espera, señor, podemos llevarlos al hotel. ¿Para qué va a gastar en taxi si acaban de llegar?

—Sí, de hecho, señor, llegamos a la terminal de la Limousina. Caminamos hasta aquí y, bueno, tenemos suerte porque los hemos encontrado a ustedes.

—Y ¿dónde viven, si puedo preguntar?

—Nosotros somos de Villa Ahumada, Chihuahua, señor. ¿Y ustedes?

La conversación continuó por unos minutos.
Luego, todos salieron del restaurante.

El señor les ordenó a sus tres hijos que su-
bieran a la camioneta para llevar a Angélica y
Armando al hotel.

Cuando llegaron, antes de despedirse, intercambiaron direcciones. Armando inventó la dirección de un domicilio en Villa Ahumada, y el
señor que los llevó al hotel le dio a Armando su
dirección correcta en El Monte, California, y su
número de teléfono.

—Bueno, aquí estamos.

—Sí, muchas gracias.

—Llámeme en cualquier momento, señor, me
gustaría saber cómo les ha ido por aquí.

Angélica y Armando les dieron las gracias y
se despidieron.

Armando y Angélica entraron al hotel y se pa-
raron frente a la recepcionista. La joven que estaba detrás del escritorio, según observó Armando, probablemente era una mujer de América
del Sur. La recepcionista les dio la bienvenida
en inglés, pero después de darse cuenta de que
les resultaba difícil entender el idioma, habló en
español.

Antes de que la recepcionista les asignara
una *suite*, pidió una identificación y una tarjeta
de crédito.

—¿Podría ser la tarjeta de identificación de mi esposa, Miss? —preguntó Armando.

—Sí, claro.

—Y, sobre la tarjeta de crédito, voy a pagar en efectivo.

—Aunque fuera usted a pagar en efectivo, señor, necesito una tarjeta de crédito. No podría alquilarle una habitación sin una tarjeta de crédito.

—¿Por qué es eso, señorita?

—Es la política del hotel, señor. Lo siento. Además, en este caso, tendría que ser la tarjeta de crédito de su señora.

—Un momento, por favor.

Armando tomó a Angélica de la mano y la llevó a unos pasos del mostrador de recepción.

—¿Qué hacemos, Angélica?

—Ahora no sé. Dejé mi billetera en casa. Todo porque tuvimos que salir a toda prisa. Tendrás que dar tu identificación y tarjeta de crédito, o tendremos que ir a otro lugar. Oh, no sé, es muy tarde. Y ¿si rastrean tu tarjeta, Armando?

Por fin, regresaron a hablar con la recepcionista.

—Disculpe, señorita, ¿sabe si hay un hotel cercano que acepte efectivo?

—Yo acepto dinero en efectivo, señor, pero debo tener una tarjeta de crédito y una tarjeta de identificación. Con respecto a su pregunta, sí, hay varios hoteles cerca de aquí, pero son de mala reputación. Usted me entiende, ¿verdad?

—Sí, señorita, entiendo. Mire, es demasiado tarde y estamos cansados. Aquí tiene mi identificación y mi tarjeta de crédito.

Después de la ejecución de todas las operaciones necesarias, la joven recepcionista les dio dos llaves electrónicas de plástico, correspondientes a la habitación 314, les señaló el lugar del ascensor y les deseó buenas noches. Angélica y Armando le devolvieron la deferencia y fueron a su habitación.

Una vez dentro, Angélica se acercó al pie de la cama y cayó como una tabla sobre el colchón. Armando fue a un pequeño refrigerador negro a por una cerveza Heineken y dos paquetes pequeños de anacardos. También le llevó un puñado de besos de chocolate a Angélica. Ella lo ignoró todo. Estaba ya medio dormida.

Armando no pudo dormir en toda la noche. Su mayor preocupación era la posibilidad de ser localizado si rastreaban la información sobre el uso de su tarjeta de crédito.

A la mañana siguiente, se levantó muy temprano. Fue uno de los primeros huéspedes que desayunó en una habitación al lado del vestíbulo del hotel.

Al terminar los alimentos, regresó a la habitación con dos tazas de café y un *croissant* con mantequilla y mermelada para Angélica.

Ella todavía estaba dormida. Armando encendió la televisión, buscó un canal en español y se entretuvo viendo un programa donde un hombre y una mujer demostraban el uso adecuado de una aspiradora portátil.

"Ideal para aspirar el interior de los automóviles", anunciaban.

—Para eso, por favor. Estoy agotada. Quiero dormir.

—Angélica, mi amor, se está haciendo tarde.

—¿Tarde para qué? Si no tenemos nada que hacer.

—Olvidaste, mi amor. Estamos en Los Ángeles.

—Lo que no olvido es que ya te dije que no me digas "mi amor" nunca más. No soy tu amor. A ver..., deja que me levante.

Angélica se sentó al borde de la cama, momentáneamente. Luego, fue al baño y volvió vestida, lista para partir.

—Sé que debemos irnos. Bueno, sé que debes irte, y te acompañaré. ¿Estás listo?

—Bueno, quería que hiciéramos planes.

—Mira, Armando, no creo que haya descansado bien. Estoy preocupada por los niños. Estaré contigo hasta que busquemos dónde te quedarás y luego regresaré con mis hijos.

—No puedes hacer eso, mi amor. Ah, perdón, Angélica.

—Por supuesto que puedo hacer eso. Ya verás. Vamos, no podemos perder el tiempo discutiendo tonterías.

Tomaron su pequeña maleta y, en el ascensor, Angélica explicó el plan inmediato.

—Mira, en primer lugar, nos bajamos del ascensor en el primer piso, en lugar de bajarnos en la planta baja. Luego, continuaremos por las escaleras. Con suerte, habrá una puerta trasera que pase por el estacionamiento. Así no tendremos que pasar frente a recepción. Camina como si nada hubiese pasado. Una vez que salgamos del hotel, nos vamos por la Olympic, como si estuviéramos regresando al restaurante McDonald's, ¿de acuerdo?

—Sí, sí, está bien, Angélica.

Hicieron todo eso. Y, una vez en la calle, Angélica y Armando se apresuraron hasta llegar a un pequeño centro comercial.

—¿Qué vamos a hacer, Angélica?

—Espera, por favor, deja que me oriente. Mira, qué suerte, hay una tienda telefónica de Verizon. Vamos a comprar un teléfono.

Entraron en el establecimiento y esperaron su turno. Cuando un joven se les acercó, le preguntaron si hablaba español.

—Somos bilingües aquí, señores. ¿Cómo les puedo ayudar?

— Queríamos saber sobre la última versión de teléfonos inteligentes.

— Por supuesto.

El empleado les mostró una selección de teléfonos celulares y les explicó sus características.

Angélica y Armando hicieron preguntas acerca de las propiedades de los dispositivos a las que el vendedor contestó con todo lujo de detalle.

Cuando se decidieron por uno de los modelos, el que más le gustó a Angélica, pidieron dos unidades. El empleado calculó la factura, se la mostró y comenzó a cerrar la venta. Pero esta se vio frustrada cuando Armando no pudo proporcionar una dirección permanente, ni su número de Seguro Social.

—Mantendré el presupuesto que preparé. Una vez que estén listos con todo, regresen y cerraremos el trato —dijo en vendedor.

Luego, en un tono bajo de voz, el asistente de Verizon les dijo que, si no tenían tarjeta de Seguro Social, podrían comprar una en el parque MacArthur. Y agregó:

—Pero esto no lo han escuchado de mí, ¿de acuerdo?

—Sí, no se preocupe —le aseguró Angélica.

Angélica y Armando salieron de la tienda de teléfonos; Angélica quería desayunar.

—Esta mañana te traje un *croissant* con mantequilla y café a tu cama, Angélica, y tú nomás lo dejaste allí.

—Oh, sí, no tenía apetito, pero ahora sí quiero algo.

—¿Qué hacemos?

—Regresa y pídele al vendedor de Verizon que nos haga el favor de llamar a un taxi. Estoy harta de McDonald's. —Armando siguió las instrucciones de Angélica.

El empleado de la agencia de teléfonos llamó inmediatamente a la compañía de taxis Yellow Cab y, mientras esperaban el taxi afuera de la tienda, Armando y Angélica hicieron planes. Angélica dijo que Mayra, su compañera de viaje, le había dado información adicional que parecía relevante: había dicho que El Monte, donde ella vivía, era un lugar donde la población era principalmente latina, y recomendaba que fueran a vivir allí hasta que encontraran el lugar adecuado para ellos.

—Entonces, ¿por qué no le pedimos al taxista que nos lleve a El Monte?

—Pero ¿a qué lugar en El Monte?

—Bueno, pues le preguntaremos al taxista si hay un Denny's en esa ciudad. De ser así, allí podríamos desayunar.

—Cuando lleguemos, ya será la hora del almuerzo.

—No creo que esté tan lejos. Mayra me dijo que El Monte no estaba lejos del Este de Los Ángeles, donde estamos ahora, porque no andamos lejos de la estación de autobuses de la Limousine, ¿verdad?

—No, no muy lejos. Mira, ahí viene un taxi amarillo. Creo que es el nuestro.

El taxista detuvo su vehículo, salió, saludó en español y abrió la puerta trasera.

Una vez dentro del auto, Armando se dirigió al taxista.

—Señor, por favor, llévenos a El Monte. ¿Usted sabe si hay un restaurante de Denny's por allí?

—Sí, hay uno, justo sobre la Peck Road, pero déjeme llamar a la base para confirmar.

El taxista llamó a la base de taxis y solicitó información. El operador verificó que había un Denny's en El Monte, le dio la dirección exacta y el nombre de la intersección más cercana, Valley Boulevard.

Tan pronto como llegaron al restaurante, ordenaron sus alimentos. Angélica hizo su selección del menú del desayuno, y Armando seleccionó algo del menú del almuerzo.

Durante la conversación, después de los alimentos, Angélica le preguntó a Armando si se había dado cuenta de que había un Motel 6 cerca del restaurante. Él dijo que no, que no lo había visto.

—¿Por qué no caminamos hasta allí, al Motel 6, para descansar un rato? Mayra me dijo que, desde aquí, desde El Monte, uno puede viajar en autobús a cualquier parte de Los Ángeles, y yo creo que deberíamos obtener la tan mencionada tarjeta de Seguro Social hoy. El dependiente de Verizon nos dijo que podríamos conseguir una, y parece que, sin esa tarjeta, o número, no podrás hacer nada —dijo Angélica.

—No, no podremos hacer nada sin esa tarjeta.

—No hablo de "nosotros", Armando. Repito, tú no podrás hacer nada. Escúchame bien, no te estoy tomando el pelo. Tan pronto como te instales en un lugar seguro, volveré a Juárez con mis hijos.

—Bien, ya veremos.

—Nada de "ya veremos". Regreso mañana, una vez que tengas la tarjeta del Seguro Social. O, a más tardar, partiré para Juárez el martes.

—Angélica, no podemos ir al hotel ahorita. No quiero correr el riesgo de tener que dar mi identificación y mi tarjeta de crédito otra vez.

En ese momento, Angélica llamó la atención de una mesera que pasaba cerca.

—Señorita, ¿sabe usted dónde podríamos comprar un teléfono celular sin tener que mostrar nuestra tarjeta de Seguro Social?

—Sí, señora, hoy domingo hay un mercado *fleamarket, la pulga*, donde todo es más barato. Está aquí nomás, sobre Peck Road, en dirección a Monrovia. Allí van a ver una pantalla gigante al aire libre. Ese lugar es un autocine que convierten en mercado los fines de semana. ¿Ustedes no son de aquí?

—No, señorita.

—Oh, también creo que hay teléfonos celulares de prepago en Walmart.

— Gracias, señorita, muy amable. ¿Nos trae la cuenta, por favor?

—Sí, con mucho gusto.

Cuando la joven regresó con la cuenta en la mano, Angélica preguntó qué lugar estaba más cerca, el mercado de *la pulga* o el Walmart. La mesera respondió que el mercado de *la pulga* estaba más cerca.

—¿Podríamos ir al mercado de *la pulga* a pie, señorita?

—Oh, no, señora, para ir a pie queda lejos y hoy, como es domingo, los autobuses pasan solo de vez en cuando. Déjeme ver si tenemos el horario del autobús.

—No, no se preocupe. Está usted muy ocupada. Es mucho problema.

—No, ningún problema, en absoluto. Ya vuelvo.

La joven mesera fue a por el horario de los autobuses, donde verificaron que los domingos las unidades pasaban cada hora con rumbo a Monrovia, y que justo acababa de pasar una hacía un par de minutos.

Angélica y Armando pagaron la factura y pidieron que el cajero les hiciera el favor de llamar a un taxi. Viajaron al mercado de *la pulga*. Tan pronto como llegaron, compraron un teléfono celular, pensando que sería mejor comprar dos de alta calidad una vez que tuvieran la tarjeta del Seguro Social.

Con el teléfono en la mano, buscaron un lugar apropiado desde donde Angélica llamó a su madre.

Durante la conversación, la señora Antonieta le contó a Angélica todo lo que había sucedido el día anterior, cuando las autoridades federales llegaron a su puerta con una orden de embargo de la residencia.

Angélica comenzó a sollozar y, hacia el final de la conversación, no pudo contener las lágrimas. Armando quería abrazarla, pero ella lo rechazaba y seguía escuchando los lamentos de su madre.

—¿Qué pasó, hija? ¿Por qué tardaste tanto en llamar? Aquí los niños están tristes. Los policías no nos dejaron sacar nada de la casa. Salimos con lo que traíamos puesto. Le rogué a los agentes que nos dejaran sacar los uniformes escolares, pero no prestaron ninguna atención. Aunque me imagino que mañana los niños no irán a la escuela. De aquí de mi casa nos queda muy lejos y no sé qué ruta de autobuses pasa cerca de la escuela a la que asisten.

»No, no, no, Angélica. Esto es terrible. Los agentes de policía, por la fuerza, querían que les dijéramos dónde estaban ustedes, o dónde podían estar. Les repetí lo poco que recordaba de tu llamada y pensaban que les estaba mintiendo u ocultando algo, y me amenazaron. También amenazaron a tu papá. Entonces me acordé de que me habías dicho que tenían que ir a Ciudad de México. Cuando les dije eso, empezaron a reír como locos.

»Se burlaban de nosotros, hija querida. Hasta que uno de ellos, el peor de todos, recibió una llamada de alguien. Después de esa llamada telefónica, su actitud cambió. Ya no nos presionaban para que les diéramos información. De todas maneras, solo pudimos salir con lo que teníamos puesto. Pobre María, trató de sacar un par de calcetines que había comprado para su hija; los llevaba escondidos en su seno, bajo su sostén, y ni eso le permitieron sacar. Una mujer que vino con la policía tocó nuestras partes privadas con sus manos toscas. Ay, ay, ay. No, no.

»Oh, no, no, no, Angélica. ¿En qué problemas te has metido? Bueno, no creo que tú estés involucrada, pero todos los periódicos de hoy tienen una foto de Armando en la portada. ¿Qué ha hecho tu esposo? Ay, ay, ay, ¿qué vamos a hacer?

—Mira, mamá, llegaré el martes o miércoles. Saldremos bien de todo esto, no te preocupes. Muchas gracias, mamacita. Por favor, diles a los niños que los llamaré mañana, que estamos bien, y que su padre está esperando que las cosas se arreglen para poder regresar a casa. Yo llegaré pasado mañana, a más tardar.

—Y ¿dónde estás, hija?

—Perdona que no te lo diga, mamá, pero es que vamos de un lugar a otro. En cuanto nos encontremos en un lugar seguro, te lo haré saber, ¿de acuerdo?

—Muy bien, hijita, cuídate mucho.

—Sí, mamá. Hasta pronto. Te quiero.

Armando intentó, una vez más, consolar a Angélica, pero ella lo rechazó nuevamente.

Continuaron caminando por el mercado de *la pulga*, de un lado al otro, sin hablar, hasta que una joven vestida de negro se les acercó y, como si estuviera hablando consigo misma, les dijo:

—*Micas*, identificaciones. Señor, ¿necesita una tarjeta?

—Sí, sí, pero...

La joven interrumpió a Armando, diciendo:

—De acuerdo. Voy a caminar delante de usted. Sígame unos pasos atrás, por favor.

La joven los condujo a una pequeña casa móvil que tenía un cartel colgado al frente: "Cerrajero. Hago llaves de todo tipo". Un señor de mediana edad estaba trabajando allí, a la vista del público.

—Pase, señora, vaya primero —la joven mujer vestida de negro le dijo a Angélica—. Su esposo entrará después. Un momento, por favor, señor —concluyó dirigiéndose a Armando.

En el interior de la casa móvil, la joven informó a Angélica sobre todos los documentos que podría proporcionarles y el costo de cada uno de ellos.

También le aseguró que los papeles, si decidía adquirirlos, estarían listos en hora y media.

—La *mica* no es una de residencia local, ¿verdad?, porque esa ya la tenemos.

—No, es una *mica* de residente permanente. También le puedo ofrecer una combinación de tarjeta y número de Seguro Social. Los nombres de ambos documentos coincidirían, por supuesto. ¿Qué piensa?

—Déjame decirle a mi esposo. Lo más probable es que sí.

—En ese caso, espere usted aquí mientras salgo a decirle a su esposo que venga. Luego, les daré unos minutos para que hablen y decidan. ¿Está bien?

—Sí, está bien.

Armando entró en la casa móvil para hablar con Angélica y decidir qué hacer, pero él tomó la decisión sin pensarlo. Se dirigió a la joven que los estaba atendiendo y le preguntó cuál era el siguiente paso.

—Mire, voy a tomarle una foto y luego me da un tiempecito para hacer el trabajo. Ustedes vayan y regresen en dos horas, por favor.

—¿Tiene una muestra de lo que nos va a entregar?

—Sí, perdón. Mire, estos son los productos: la tarjeta de número de Seguro Social y la *mica* de residente permanente. El número es bueno. También tengo buenas *micas*, pero si quisiera usted el combo, yo tendría que cambiarle el nombre a usted. Es decir, el combo que le entregaría vendría con otro nombre, pero con su foto. Con este combo de *mica* y Social podrá trabajar sin

ningún problema. Lo que los jefes quieren es tener un conjunto de documentos para no tener
problemas con la ley. Luego, cuando llega la
Migra, lo que dicen es que ellos no son agentes
de inmigración y que no pueden saber si los
documentos que proporciona el trabajador son
auténticos. Eso es lo que hacen.

—Entiendo, señorita. En este momento no me
importa si las identificaciones tienen mi nombre o no. Lo único que quiero es tener todo listo
para poder trabajar.

—Oh, entonces, todo está bien. Déjeme ver:
deme unos treinta minutos. Haré unas llamadas y yo le resuelvo la situación. Eso sí, tendría
que dejar el pago completo por adelantado. No
quiero que vaya usted a abandonar el trato y yo
pierda mi tiempo y mis materiales.

—No se preocupe. Mire, esto debería ser un
prepago parcial razonable.

—Sí, sí, gracias. Mejor, regresen en una hora,
por favor. Déjeme tomarle la foto.

Después de que la joven tomó una fotografía
de frente a Armando, él y Angélica salieron del
lugar. Continuaron caminando por los callejones
del mercado de *la pulga*.

Angélica seguía sollozando, pero Armando ya
no intentaba consolarla.

Cuando regresaron a ver a la joven, ella les
entregó los documentos. Pagaron el resto de la
cuenta y se fueron.

Al salir, ambos se sentían felices: Armando, por haber obtenido los documentos necesarios para poder trabajar en Estados Unidos, y Angélica, porque todo eso significaba que pronto podría volver a ver a sus hijos.

Sabiendo que Armando ya tenía identificación estadounidense y suficiente efectivo, Angélica sugirió ir al Motel 6 y alquilar una habitación. Para ese fin, llamaron a un taxi.

La recepcionista del Motel 6 les informó sobre los términos relacionados con el alquiler de una habitación por una semana. La joven tomó una fotocopia de la *mica* que Armando le había dado y recibió el dinero para el alquiler de la habitación en efectivo.

A partir de ese día, Armando García se convirtió en Ángel Correa. La recepcionista del hotel anotó el nombre en el listado de ocupación diaria del hotel.

—Señorita —interrumpió Angélica—, ¿sería usted tan amable de darnos una habitación con dos camas?

—Sí, señora, con mucho gusto.

Inmediatamente, la recepcionista les entregó la llave de la habitación y les dio instrucciones. Y ambos caminaron hacia su habitación de hotel.

—Armando, como te dije, me voy. Por favor, llama a los autobuses Limousina para ver a qué hora sale uno para El Paso.

—Angélica, por favor, no seas así, a mí también me preocupan nuestros hijos. Espera al menos una semana, por favor. Te necesito.

—Lo siento, Armando, me voy. Quiero algo de comer, vamos al Denny's.

Después de la cena, regresaron a su habitación. Armando encendió la televisión y se puso a ver el resumen de resultados y los mejores goles anotados por todos los equipos de la Liga MX ese fin de semana.

Mientras, Angélica aprovechó la oportunidad para llamar a Mayra, su compañera de viaje, y preguntarle si sabía a qué hora salía el autobús Limousina con destino a Ciudad Juárez, al día siguiente.

Mayra estaba muy contenta de recibir la llamada de Angélica. Hablaron de varias cosas, y luego…

—Mayra, ¿sabe usted a qué hora sale el autobús para Juárez?

—¿Cómo es eso? ¿Por qué se va tan pronto?

—Me quiero ir mañana o pasado mañana.

—Bueno, déjeme…, sí, aquí lo veo. Sí, mire, hay salidas a diario desde Los Ángeles, a las tres de la tarde, a las cinco y media y a las nueve de la noche. Cuando fui yo, ese tomé, el de las nueve. Mi hijo durmió toda la noche y llegamos a El Paso a eso de las diez de la mañana. Recuerde que estos son los horarios de salida de Los Ángeles. Usted tiene que aumentar a esos tiempos de salida como una hora, más o menos, si va a salir de la estación del Este de Los Ángeles, ¿de acuerdo?

—Sí, muchas gracias, Mayra. Es usted una excelente amiga. Si me quedara más tiempo por aquí, le volvería a llamar. Gracias.

—Sí, Angélica, que esté usted bien. Cuídese.

Angélica interrumpió a Armando, que estaba mirando la televisión.

—Hablé con Mayra. Ella me dio los horarios de salida para El Paso. Quiero ir a la estación de autobuses mañana a las tres y media de la tarde.

—Si ya decidiste ir, no hay nada que pueda hacer.

—Correcto, no puedes hacer nada. Lo que puedes hacer es llamar al señor que nos llevó al hotel anoche. ¿Recuerdas? Él te dio su número de teléfono. Vive aquí, en El Monte. Tal vez él te podría orientar sobre cómo conseguir un trabajo porque, incluso si traes un montón de dinero, se te acabará pronto. Debes trabajar. A menos que quieras ponerte en contacto con tus amigos de El Paso y Los Ángeles. Aquí están, cerca de ti. ¿Por qué no los llamas? Sí, Armando, yo no quiero saber cómo vas a arreglar todo este lío, pero que no se te olvide: tienes la responsabilidad de tus hijos.

—No, no se me olvidará.

Ambos se prepararon para dormir. Armando se acostó en la cama más cercana al baño y Angélica en la otra.

Habían pasado unos minutos desde que habían apagado las luces cuando sonó el teléfono. Angélica contestó.

—Bueno...

—Hola, Angélica. Soy yo, Mayra. Como usted me llamó antes, su número de teléfono permaneció en mi identificador de llamadas.

—Oh, sí, Mayra.

—Y, al final, ¿qué ha decidido? Se va a quedar aquí, ¿verdad?

—No, no, Mayra. Mi esposo se quedará. Pero yo volveré pronto. Dejé algunas cuestiones pendientes en casa.

—Bueno, Angélica, y ¿cuándo planea salir?

—Estoy pensando en mañana, en el autobús de las tres y media.

—Oh, bueno. Déjeme ver, mañana llevo a mi marido al trabajo y después de eso tendré el auto y tiempo libre hasta poco antes de las cinco, cuando voy a recoger a los niños a la guardería. Ya después, recojo a mi esposo del trabajo. Si quiere, puedo llevarla a la estación de autobuses del Este de Los Ángeles. Tendríamos que estar allí a las tres o tres y cuarto. ¿Qué dice?

—Oh, Mayra, es mucho problema...

—Ningún problema, en absoluto. Además, es usted de mi ciudad natal. Y si algún día necesito algo en Juárez, ya tendré a quien recurrir. Además, lo que sucede es que he empezado a encariñarme con usted. No sé por qué. Es como si ya la conociera desde hace mucho tiempo. Siento como si algo nos hubiese unido, ja, ja, ja. Esa es la forma de actuar en Villa de Ahumada. Así es como somos todos los de allá, ¿no?

—Sí, sí, Mayra, así somos todos. Bueno, si no es mucho pedir, ¿podría pasar por mí a las dos y media?

—Yo diría que sería mejor que pasara por usted a las dos en punto porque a veces el tráfico está congestionado. No vaya a ser que el autobús salga sin usted. No, no, no.

—Entonces, estaré lista a las dos de la tarde. Permítame un segundo, Mayra.

Angélica cubrió el auricular con su mano derecha para hablar con Armando.

—¿Vas a ir a dejarme a la estación de autobuses? Mayra pasará por aquí a las dos.

—Tengo muchas cosas que hacer. No, me voy a quedar aquí.

—Disculpe, Mayra, Armando se quedará aquí mañana. Está esperando una llamada de una compañía, y no sabe a qué hora llamarán.

—Bueno, entonces, estaré allí a las dos, Angélica. Espero que descanse.

—Sí, Mayra, y muchas gracias. Usted también, descanse. Buenas noches.

—Buenas noches.

Juanito continúa trabajando para Cirilo

Al cumplir ocho semanas de trabajo para Cirilo, Juanito pudo haberse ido a trabajar con otro contratista a cualquier otro lugar. En lugar de eso, fue a hablar con su patrón.

— Hola, jefe…

—Échatela, Juan, dispara. Cuando me hablan y comienzan con "jefe" ya me puedo imaginar el resto. Pero adelante, soy todo oídos.

—Bueno, quería decirle que me gusta trabajar para usted y como ya cumplí con las primeras ocho semanas de trabajo, me gustaría decirle que, si quiere, continuaré trabajando para usted.

—Oh, en ese caso, está bien. Pensé que me ibas a pedir un aumento, ja, ja, ja. Sí, Juan, por supuesto, seguiremos trabajando juntos. Y mira, para ser sincero, veo que te ganas bien tu salario y te portas bien con la gente. Al principio, trabajabas como si estuvieras buscando algo. Oh, sí, qué tonto soy, estabas buscando a tu padre, ja, ja, ja. Mira, aquí, en este rancho, terminaremos todo el trabajo en aproximadamente una semana y media, más o menos. Y mira, al final de la temporada, casi no tengo tiempo de nada porque tengo que hacer cuentas con el ranchero. ¿Por qué no ayudas? Los últimos dos o tres días no tienes que *piscar* ni empacar; mejor, ayúdame a mover la cuadrilla, a organizar la producción y a supervisar la perforación de las tarjetas de la gente. No es tan fácil como parece, no creas, ¿te avientas?

—Claro que sí, jefe. Lo que usted diga.

—Bueno, el viernes, después del trabajo, vienes a mi casa y te explicaré qué vas a hacer el lunes y el martes. Creo que vamos a trabajar hasta el miércoles. Tú y yo cerraremos este trabajo, juntos.

—Por supuesto.

—Y es mejor que te acostumbres a llamarme Cirilo. O, bueno, ya te voy a decir cómo vamos a despeinar el gato. Entonces, estás pensando en continuar conmigo hasta Winter Haven, a los campos de la fresa. Está bien. ¿Sabes cómo poner y quitar plástico? Bueno, no creo que sepas porque es tu primer viaje, eres primerizo, ja, ja, ja. Pero aprenderás.

Suboperación Persecución

La operación policiaca MaKiller suspendió actividades el domingo. Durante la mañana del lunes, se llevó a cabo una reunión general en el Comando Central, en Ciudad Juárez, donde todos los líderes de los grupos informaron sobre su progreso. Miembros de la DEA estadounidense estuvieron presentes en esa reunión. El jefe de la operación tomó la palabra:

—Buenos días, señores, todo va bastante bien. Nuestra operación está cumpliendo con todos los objetivos que habíamos planificado. Gracias por todos sus esfuerzos.

»Quiero expresar mi agradecimiento a los colegas de la DEA, aquí presentes y, en general, a la agencia que representan. La información que han compartido con nosotros ha sido invaluable. Quiero recordarles que la operación continúa en EE. UU. y que seguimos comprometidos a compartir nuestra información con nuestros homólogos del otro lado de la frontera para que podamos llegar a un final exitoso en esta operación binacional. Gracias.

»Ahora, escucharemos los informes de cada subgrupo. Comenzaremos con la pareja de colegas que supervisaron la intervención de la casa de Armando García. Después, escucharemos a los dos oficiales enviados a la casa del contador. Adelante, por favor.

—Gracias. Buenos días. Hemos presentado un informe por escrito para el archivo general de la Oficina Central de Operaciones (OCO). Si alguno de ustedes necesita una copia, puede solicitarla ahora o pueden leer en línea el informe completo en el directorio de las operaciones.

»La parte de la operación que se nos confió se realizó sin tropiezos. Llegamos, presentamos la documentación del fiscal de distrito a los ocupantes de la casa, ingresamos a la propiedad y actuamos conforme al plan establecido. No hubo necesidad de usar la fuerza. Los policías permanecieron fuera de las instalaciones, para darnos apoyo en caso de que fuese necesario.

»Nuestros especialistas ingresaron y recolectaron evidencias, siguiendo las pautas de nuestra institución. Posteriormente, describimos y etiquetamos todo lo recopilado. Algunos artículos, como ropa y teléfonos, se están analizando en el laboratorio. Otros, como fotos y recortes de periódicos, están siendo estudiados por la fiscalía para respaldar sus argumentos cuando se procese el caso.

»En términos de resultados de los interrogatorios, las dos mujeres que entrevistamos no sabían nada sobre las actividades de Makila. Continuaremos presionando a las dos damas para ver si podemos obtener algo útil.

»Permítanme compartir una anécdota con ustedes. Sucedió mientras estaba interrogando a la suegra de Armando García. La señora afirmó que su hija la había llamado por la mañana para pedirle que fuera a la casa a cuidar a los niños porque ella y su esposo tenían que ir a resolver un problema importante en la Ciudad de México. No logré moverla más allá de esta simple declaración. En cierto momento de mi interrogatorio, sonó mi teléfono. Le pedí a mi colega que continuara con el mismo y fui a contestar la llamada a otra habitación. Fue una llamada de la Oficina Central de Operaciones. Me informaron de que habían localizado uno de los autos de García en un estacionamiento público cerca del Puente Libre. Volví a la escena del interrogatorio cuando mi compañero decía "y no me venga otra vez con esa historia de que se fueron a México". Interrumpí, llevé a mi compañero a la otra habitación, compartí la información sobre el auto de García y dejamos descansar a la mujer.

»Eso es todo lo que tenemos hasta ahora. Si tienen alguna pregunta, podría responderla.

Como no hubo ninguna pregunta, los dos agentes que habían ido al hogar del contador de la maquiladora subieron al podio.

—Buenos días, señores. Seré breve. Estamos finalizando nuestro informe por escrito. Estará disponible, en línea, en aproximadamente dos horas; lo encontrarán en el archivo general de la operación MaKiller. No hay mucho más que contarles.

»La propiedad del contador, según nuestras investigaciones, no fue adquirida ilegalmente. Un embargo no procedía. La ocupante de la casa al momento de nuestra visita era la esposa del contador. Esta señora siempre sostuvo que no sabía nada. Lo único que contribuyó fue que su esposo recibió una llamada muy temprano en la mañana. Ella no sabía quién era quien llamaba. Nos dijo que después de esa llamada, su esposo se fue a su oficina; ella se quedó en la cama y se volvió a dormir. Al igual que nuestros colegas han declarado, también continuaremos tratando de obtener más información. Hoy volveremos a realizar un seguimiento, a ver qué más podemos conseguir.

»En términos de un posible paradero del contador, puede ser que se haya ido al sur. Su esposa testificó que ambos son de Villa Ahumada y uno de los conductores de la compañía nos dijo que lo había llevado al Banco HABC, el que está sobre la carretera Panamericana. Lo esperó por dos horas y luego regresó a la maquiladora. El guardia de la sucursal de ese banco nos aseguró que lo vio entrar, pero no lo vio salir de las instalaciones.

»Seguiremos investigando. ¿Tienen ustedes alguna pregunta?

—Disculpen, ¿saben si el contador tiene familia en Villa Ahumada?

—Sí, tiene un par de parientes. Pero, según su esposa, no los visitan por diferencias familiares. Ya veremos. Hoy vamos a Villa Ahumada. Otra cosa, la señora dijo que los padres del contador habían muerto y que él tiene dos hermanos mayores que viven aquí, en Juárez, y una hermana menor que vive cn San José, California. Haremos los seguimientos correspondientes. Pero primero, iremos a Villa Ahumada. ¿Tienen más preguntas?

No hubo más preguntas y la reunión concluyó después de que el jefe de la operación recordase a los presentes que toda la información recopilada debía enviarse al Comando Central lo antes posible.

Los dos agentes encargados de la suboperación Persecución no se presentaron a la reunión porque estaban en El Paso ayudando a oficiales de la DEA. Estos dos agentes eran los que localizaron el vehículo del ingeniero García en un estacionamiento cerca del Puente Libre, los mismos que recogieron las piezas rotas de un teléfono celular que descubrieron bajo la llanta trasera del coche.

Eran también los agentes que habían ido a hablar con el guardia de la *Migra* que dejó entrar a Angélica y Armando a los Estados Unidos cuando Armando mostró un pase de emergencia médica (el agente de la *Migra* fue capaz de identificar, sin lugar a duda, a la pareja que le mostraron en una foto).

Sobre las tres de la tarde de ese lunes, la suboperación Persecución de la DEA anunció que ya tenían la ubicación de Armando y Angélica en un área geográfica general. Habían entrevistado al conductor de La Limousina, quien había confirmado que se bajaron de su autobús en la estación del Este de Los Ángeles. También encontraron el hotel de cinco estrellas donde se alojó la pareja, e intentaban localizar al taxista que los había transportado a El Monte, después de su visita a una tienda de Verizon.

Juanito fortalece su relación con Cirilo

Después de terminar la temporada de la fresa en Winter Haven, Juanito continuó trabajando para Cirilo.

Fueron a recoger melocotones en Georgia, a la cosecha de la naranja en Florida y a cortar y colgar tabaco en la zona fronteriza entre Virginia y Carolina del Norte. Algunos ranchos estaban en el lado de Carolina del Norte y otros en el lado de Virginia.

Habían sucedido muchas cosas desde el día en que Juanito conoció a Cirilo en el estacionamiento del restaurante Whataburger de Pharr, Texas. Juanito aprendió las tareas laborales en los campos agrícolas de los Estados Unidos y la forma correcta de realizarlas. Aprendió a supervisar a los trabajadores de campo y a controlar la calidad del producto extraído de la cosecha. Además, ayudó a Cirilo a preparar las nóminas y emitir cheques de pago, según era necesario.

Cirilo y Juanito se llevaban bien. Nunca habían tenido ninguna disputa. Juanito se había ganado la confianza de Cirilo, y Cirilo, a menudo, ponía a Juanito a cargo de su cuadrilla de trabajadores. Cuando Cirilo tenía que abandonar los campos de trabajo para atender otros asuntos, Juanito supervisaba a los trabajadores, hasta tal punto que los trabajadores comenzaron a llamar a Juan "Patroncito".

Juanito había abandonado la idea de seguir buscando a su padre. Al principio, cada vez que llegaban a un lugar nuevo, siempre preguntaba por él. Solía llevar consigo un hermoso retrato de su padre para mostrarles a las personas que interrogaba. Después de unos meses de buscarlo sin éxito, dejó de mostrar la foto a todos los que conocía.

Un día, en el trabajo, alrededor de las diez de la mañana, Anita llamó a Juanito para decirle que su madre había sido operada debido a un dolor muy agudo en el vientre. Aunque Anita dijo que todo había salido bien, que había sido una simple cirugía de vesícula biliar y que la madre de Juanito saldría pronto del hospital, Juanito se alarmó y quiso regresar a México de inmediato.

Con ese propósito en mente, fue a hablar con Cirilo, quien le dijo que sería bueno ir al lado de su madre y que no debía dejar pasar esa oportunidad "porque nunca se sabe".

Juanito quería terminar el día de trabajo antes de abandonar los campos y regresar a México, pero Cirilo le dijo que no lo hiciera. Le indicó que fuera a preparar su equipaje y que, cerca de las tres de la tarde, él pasaría a recogerlo en la casona para llevarlo a Raleigh.

Cirilo y su cuadrilla vivían en la plantación donde cortaban y colgaban tabaco. El ranchero les prestaba una casona, en la parte posterior de la finca, cerca de las cabañas donde se colgaba el producto. Esa plantación parecía de la época de la esclavitud en los EE. UU.; estaba ubicada en la zona rural de Emporia, Virginia.

Cirilo pasó a recoger a Juanito a las tres de la tarde, y se fueron conversando en el camino.

—Mira, Juan, en el área de Raleigh podríamos encontrar un *raitero* que te pueda llevar al sur, a cualquier pueblo fronterizo. Pero si prefieres, puedes tomar un autobús de la Tornado Line. Esos autobuses son de primera clase y pueden llevarte hasta McAllen. Ya, de ahí, tú sabes cómo llegar a tu casa.

—Sí, Cirilo, gracias. Oye, me gustaría volver a trabajar contigo. ¿Qué dices?

—En este momento, piensa en tu madre, Juan, después... Bueno, mira, después de terminar el trabajo aquí, nos vamos a ir a Michigan a trabajar en los ranchos de verduras. Ahí tengo tres jefes que nos tratan bien. Las galeras donde dormimos en Michigan son muy limpias y hay tres baños; después del *jale*, todos llegan y corren al agua. Los *compas* de la cuadrilla dicen que cuando llegamos allí, sienten como si estuvieran de vacaciones en un *resort*, ya sabes. ¡Ah, nuestra raza! Pero luego, comienza un trabajo que te mata la espalda, y te das cuenta de que tus vacaciones han terminado, y tienes que echarle ganas desde el momento en que sale el sol hasta que se pone. Después de terminar en Michigan, en ocasiones, continuamos a Washington, a la cosecha de la manzana. Allí es donde terminamos nuestro trabajo del año. Pero no siempre vamos allí. Depende de lo que me dicen los rancheros cuando llamo.

»Juan, si quieres volver el año que viene, ven con papeles. Es fácil. Pero ya sabes, tienes que entrarle con una *corta*. Debes de comprometerte a trabajar para mí desde el principio del año hasta que termine la temporada. Puedes tener un *jale* de entre siete y nueve meses al año, Juan.

—Sí, Cirilo. Me gusta la idea, pero ¿cómo es eso, volver con papeles?

—Sí, mira. Existen visas otorgadas por el gobierno *gringo*, por el Departamento de Trabajo, para que los trabajadores del campo de México puedan venir a trabajar legalmente por un cierto período de tiempo. Las llaman visas H-2A. Una de las condiciones es que los trabajadores regresen a México al final de su contrato. No pueden permanecer en el país, ni pueden trabajar en otra cosa que no sea la agricultura. Tengo una amiga en Puebla que supervisa el procesamiento de estas visas. Si quieres volver el año que viene, visítala. La llamaré, le daré tu nombre y le diré que pasarás a verla.

»Pero debes ir a Puebla entre el 16 y el 30 de enero y tener todos tus documentos en orden: certificado de nacimiento, certificado de estudios, cartilla del servicio militar y otras cosas que no recuerdo en este momento.

»Pero te enviaré la lista completa de los documentos requeridos.

—Y ¿cómo se llama la señorita?

—Antes de eso, ya llegamos. ¿Qué opinas, deberíamos buscar un *raitero* o te gustaría tomar un autobús Tornado? Si pudiéramos encontrar un *raitero*, sería buena onda para ti. El viaje es tranquilo. Estos camaradas, los conductores, se detienen donde tú quieras. Ahora que, pienso, los autobuses son más seguros. El problema es que no sé a qué hora sale el autobús para McAllen. ¿Por qué no vamos a la terminal y preguntamos los horarios? Si no tienes que esperar demasiado, te vas en autobús. Pero si tienes que esperar horas, trataremos de encontrar un *raitero*. ¿Qué dices?

—Me parece bien. Hagamos eso, Cirilo. Oh, no te olvides de darme el nombre de *Miss Puebla* y decirme dónde puedo encontrarla.

—Cuando lleguemos, te voy a dar su nombre para que puedas escribirlo bien. Bueno, su nombre es Amanda Buendía. Puedes encontrarla en las oficinas del gobierno, un edificio al lado de la catedral.

»¿Has estado allí alguna vez?

—No, no. Solo he estado en la terminal de autobuses Estrella Roja, pero no conozco Puebla. Ya escribí la información, Cirilo: "Amanda Buendía, Palacio de Gobierno, Puebla". Muchas gracias. Iré a su oficina en enero.

—Y yo le llamaré, Juan, a fin de año, para darle tu nombre. Y, a principios de enero, la volveré a llamar para recordarle que tú pasarás.

»Ah..., no se te olvide llevarle un pequeño regalo, ya sabes. Ella ama los dólares, ja, ja, ja. Oh, muchacho, así es nuestra raza.

—No, no, no lo olvidaré. Sé cómo se desmorona la *galleta* allá, Cirilo. Es lo mismo donde vivo, en el sureste de México. Es así en todas partes.

—Bueno, aquí estamos, Juan. Mira, la terminal de los Tornado. Vamos a *parquear* aquí para ir a ver qué pasa.

Después de estacionar la camioneta blanca, Cirilo y Juan entraron a la terminal de autobuses Tornado.

Allí, comprobaron que había un autobús que salía para McAllen a las siete y media. La espera sería como de dos horas.

—No importa, Cirilo. Me quedaré aquí. El viaje con *raitero* suena bien, pero ya estoy aquí.

—Lo que tú digas, Juan. Entonces, vamos por tus maletas. Yo te ayudo.

Fueron por el equipaje de Juan y regresaron para comprar un boleto a McAllen. Juan seleccionó el asiento número cuatro.

—Bueno, mi buen Juan, te voy a dejar solo. Verás, nos tomó como dos horas para llegar aquí desde Emporia.

»Y ahora se está acercando la hora pico; tú sabes cuánto tráfico hay en ese momento.

»Espero que te vaya bien. Salúdame a tu familia, aunque no tengo el gusto de conocerlos.

—Sí, gracias, Cirilo. Disculpa por dejar el trabajo antes de terminarlo.

—No, no digas eso, Juan. Oh, casi me olvido y tú no me dices nada. Aquí tienes, es tu pago por lo que hiciste en estos últimos días. Pero no abras el sobre hasta después de que yo me vaya, por favor. Puse un poco de dinero extra por tu ayuda en estos últimos días. Gracias.

—Oh, Cirilo, muchas gracias. Te llamaré cuando llegue a casa.

—Sí, por favor. Buena suerte.

El tiempo de espera pasó rápido.

Cuando Juanito escuchó el anuncio de abordar el autobús a McAllen, se levantó de su asiento, se dirigió hacia el pasillo y fue el primer pasajero a bordo.

Juanito llega a su ciudad natal

Era la mañana del día siguiente cuando el autobús Tornado cruzó la frontera entre los estados de Louisiana y Texas. Desde allí, Juanito llamó a don Paco para pedirle que, por favor, lo recogiera en la terminal de autobuses y lo llevara a la frontera, a Reynosa.

Al principio, don Paco no recordaba a Juan, pero cuando el joven le dijo que se habían conocido una mañana en Hidalgo, y que don Paco lo

había llevado a presentarle a Cirilo en una Whataburger, don Paco se acordó.

—Ah, sí, muchacho, ya recuerdo. ¿Encontraste a tu papá?

—No, don Paco. Lo que pasa es que, bueno,
don Paco, mi madre está enferma y yo voy de
regreso. Por favor, hágame ese favor, recójame
en la terminal.

—Por supuesto, te espero en la terminal.
¿Por dónde está pasando el autobús ahora?

—No sé, don Paco, acabo de ver un letrero
que decía "Texas, The Lone Star". Era como una
señal de bienvenida. Más temprano, en la mañana, cruzamos todo el estado de Louisiana, bueno,
eso creo.

—Oh, todavía estás muy lejos de McAllen.
Les va a tomar..., bueno, será mejor que investi-
gue. Eso sí, si llegaras tarde por la noche, no podría llevarte a Reynosa. Te llevaría a Hidalgo;
justo allí, donde estaba la caravana de centroa-
mericanos aquella noche, y desde allí, bueno, es
peligroso. ¿Por qué no te recojo y te quedas aquí,
en mi casa? Mañana te llevaría al otro lado. Si
nos va bien mañana, no revisarán nada de lo
que traigas contigo. Déjame que te diga; conozco
a nuestra gente, nuestra raza, todos quieren lle-
varse todo de los Estados Unidos. Estoy seguro
de que tú también llevas regalos para tu familia,
¿verdad?, ja, ja, ja.

»Conozco a mi gente, ja, ja, ja.

—Sí, don Paco, tengo dos maletas, pero no son muy grandes.

—Lo sé, probablemente son unas maletas gigantes, ja, ja, ja. No te preocupes, en cuanto llegues, estaré esperándote.

Don Paco telefoneó a la terminal de autobuses Tornado. Le dijeron que la llegada era a las siete p.m.

Cuando Juan llegó a McAllen, don Paco lo estaba esperando en la estación de autobuses.

Cuando Juan se bajó del autobús, don Paco lo saludó con un firme apretón de manos.

—Bueno, Juan. Si no encontraste a tu padre, espero que te hayas encontrado a ti mismo. Creo que *la hiciste* bien porque te veo sonriendo como lo hiciste cuando nos conocimos. No es demasiado tarde. Si quieres, te puedo llevar a Reynosa, pero si no, iremos a mi casa. Tengo una cama lista para ti.

—Muchas gracias, don Paco, pero usted sabe la prisa con que vengo y mi preocupación por la salud de mi madre. Si no fuera mucho pedir, por favor, lléveme a Reynosa, a la terminal de autobuses.

—¿Qué línea de autobús quieres tomar?

—Cualquiera que vaya hacia el sur sería bueno.

—¿Quieres que nos detengamos para cambiar dinero?

—¿Por qué, no reciben dólares en la terminal?

—Sí, los reciben, pero ese es el problema. Mira, mientras menos personas se den cuenta de que tienes dólares contigo, mejor. Y una vez que tengas pesos, olvídate de que llevas dólares, porque hay muchas personas que..., tú sabes.

—Tiene razón, don Paco. Pasemos por un lugar de cambio de moneda de este lado de la frontera.

—*Ok*, vámonos rápido, que el tiempo vuela.

Fueron a una casa de cambio y Juanito le pagó a don Paco por llevarlo a Reynosa. Juanito le dio a don Paco diez dólares extra.

Luego, condujeron hasta la puerta de entrada a México, y pasaron rápidamente frente a las autoridades mexicanas, sin ningún problema.

Llegaron a la estación central de autobuses en Reynosa alrededor de las ocho y media de la noche. Un autobús de Transportes del Norte había salido recientemente hacia el sur.

Por eso, fueron a averiguar los horarios y destinos de otras líneas de autobuses.

Juanito se dio cuenta de que, además de la Ciudad de México, Veracruz era un lugar que quedaba rumbo a su destino. Entonces, compró un boleto a ese puerto. La salida fue a las nueve de la noche. El joven preguntó a qué hora llegaría a Veracruz, para hacer cálculos y determinar la hora de llegada a su hogar.

Luego, intentó llamar a su madre y a Anita, pero su teléfono no funcionó.

—Lo que pasa, Juan, es que tu teléfono celular es *gringo,* y no trabaja aquí —dijo don Paco—. El mío tampoco funciona. Si quieres, dame el número de teléfono de tu casa y el recado que les debo decir y yo les llamaré cuando llegue a casa. No, no. Mejor les llamo mañana. En este momento, es demasiado tarde allá; creo que están dos horas por delante de nosotros.

Juanito le dio el número de teléfono de su casa y le pidió que preguntara por Anita, porque su madre podría estar en la cama por haber salido del hospital recientemente.

Cuando anunciaron la salida del autobús número 480 hacia Veracruz, don Paco y Juanito se despidieron con un fuerte abrazo.

—Sabes, Juan. Cuando regreses, estaré a tus órdenes aquí. Llama con anticipación, si puedes. Espero que me encuentres.

—Así lo haré, don Paco. Y gracias. Salúdeme a su nieto, don Paco. Dígale que le traeré algo de mi tierra natal para que decore su bicicleta.

—Por supuesto. Lo mejor es que te acuerdes de mi nieto, Juan. Eso es lo bueno. Buena suerte.

—Buena suerte, don Paco.

Desde su asiento, Juanito observó a don Paco, quien lo saludaba con una señal de mano. El viaje duró casi catorce horas. Fue un viaje cercano a los mil kilómetros. Juanito llegó a Veracruz alrededor de las once de la mañana y buscó una línea de autobús que lo llevara a su ciudad natal.

El próximo viaje al destino de Juanito partiría a las dos de la tarde. Llamó a casa desde un teléfono público. Habló con su madre y sus hermanas, y con Anita. Su madre estaba bien. Sus hermanas, después del intercambio de afectos, querían saber qué les había traído, y Anita le dijo que era bueno que regresara y que era genial que estuviera en casa porque el nacimiento de su bebé estaba cerca. Anita sentía que el bebé vendría pronto.

Juanito llegó a su ciudad natal alrededor de las siete de la noche. Su familia y amigos estaban en la terminal de autobuses, esperándolo.

Su madre se había quedado convaleciendo en casa. Anita y sus amigos de la universidad habían contratado a una banda de marimba que tocaba hermosas melodías al pie del autobús, mientras Juanito identificaba y recogía sus dos maletas y le daba una propina al maletero.

El grupo de amigos se fue a la casa de Juanito en tres taxis y un coche que pertenecía a uno de los miembros del grupo.

Una vez en casa, Juanito saludó con entusiasmo a su madre con abrazos y besos, y comenzó la fiesta.

La reunión duró hasta altas horas de la noche. La banda de marimba contratada cerró la celebración de bienvenida con la canción *Al Son de la Marimba*, al estilo del maestro Zeferino Nandayapa.

Juanito y Anita visitan a la maestra Mendieta

A la mañana siguiente, Juanito llamó a la maestra Mendieta, quien se mostró encantada de escuchar la voz del joven.

—Qué alegría escuchar tu voz, Juanito. Tú siempre andas con una sonrisa en tus labios. No sabes la buena sensación que me da.

—Sí maestra, gracias. Anita me llamó por lo que está pasando con mi madre y, pues, aquí me tiene. Maestra, ¿va usted a estar en su casa más tarde?

—Sí, Juanito, ya sabes, casi no salgo. ¿Qué está pasando, dime?

—No, bueno, Anita y yo queremos ir a visitarla.

—Será un placer, Juanito. Pero dame tiempo, debo recoger mi casa un poco. Es un desastre.

—Sí, maestra. ¿A qué hora podemos llegar?

—¿Qué te parece a las dos? Prepararé algo para comer. O, dime, ¿ya comes a las horas que comen los estadounidenses?

—No, no, maestra, está bien. Me parece bien; estaremos allí como a las dos.

Juanito y Anita llegaron a la casa de la maestra Mendieta a las dos y cuarto.

Ella los estaba esperando. Había preparado un gran tazón de fruta picada como aperitivo. Todos se sentaron en la sala de estar, y comenzó la conversación.

Juanito le dijo que no había encontrado a su padre, que había viajado mucho y que, al principio, preguntaba por él en todas partes, pero que después de un tiempo puso todo su esfuerzo en trabajar.

La maestra Mendieta le dijo cuánto amaba a Anita, que la consideraba la hija que nunca había tenido y que se llevaban muy bien.

Anita comentó que había avanzado mucho en sus estudios universitarios gracias a lo que había conversado con la maestra Mendieta sobre las bases sólidas que apoyan cualquier carrera profesional y porque iba a hacer su tarea a la casa de la maestra, con regularidad.

—Miss Clara, también venimos a solicitar su consentimiento.

—¿Mi consentimiento?

—Bueno, ya sabemos que va a ser una niña y queremos llamarla Clara. Igual que usted.

—Uy, uy, uy, eso sería un gran honor para mí, Juanito, Anita. Sí, claro, Clara, Clarita. Es un gesto hermoso de parte de ustedes, muchachos. Me agrada que mi nombre esté en alguien más en la vida. Bueno, gocemos de las tostadas y el agua dulce de guanábana que preparé para ustedes, ¿de acuerdo?

Brindaron y luego se sentaron a comer. Los tres estaban muy felices.

Miguel regresa a Rosarito

Después de más de catorce años de estar viviendo en los Estados Unidos, Miguel era uno de los más de once millones de habitantes que residían en el país *sin papeles*, indocumentado.

De estos, solo una minoría se encontraba en un proceso de regularizar su estatus migratorio por haberse casado con un residente autorizado o un ciudadano estadounidense. Miguel no era uno de ellos.

En términos de su situación económica, Miguel tenía un ingreso anual que lo instalaba dentro del grupo correspondiente a la clase media trabajadora en los Estados Unidos.

Hacía años que, después de trabajar a tiempo completo en el Taco Shop frente al taller de llantas de don Pedro, había solicitado un puesto en el restaurante Denny's sobre la calle Peck Road. Trabajaba allí en el turno de las once de la noche hasta las siete de la mañana. En el restaurante, cuando no había muchos clientes, ni mesas para limpiar, ni platos para lavar, ayudaba a los cocineros a preparar la comida que servirían durante el desayuno, por la mañana. Después de ocho meses de trabajar en ese restaurante como lavaplatos, fue ascendido a asistente de cocina y, más tarde, a chef líder oficial.

Miguel trabajaba horas extras casi todas las semanas y, en lugar de recibir solo su pago por tiempo completo de cuarenta horas semanales de trabajo, generalmente recibía el cheque correspondiente a cincuenta o cincuenta y cinco horas.

Las horas extras se las pagaban a razón de tiempo y medio.

Miguel vivía bien. No le faltaba nada financieramente. Por el contrario, siempre le quedaba bastante dinero al final del mes. Por eso, seguía enviando remesas a su casa en Rosarito, para que sus padres pudieran vivir mejor y pudieran construir una habitación adicional y un espacio comercial en su propiedad.

Miguel había comprado la casa sobre ruedas que había alquilado tres semanas después de llegar a El Monte y asistía a una escuela de educación de adultos donde aprendía inglés. Como diversión, a Miguel le gustaba ir a conciertos de artistas famosos que llegaban al sur de California desde México o desde otro lugar en América Latina y, con cierta regularidad, iba a Las Vegas a jugar a la ruleta. Miguel siempre vestía ropa y zapatos modernos de marca, hablaba suficiente inglés y conducía un automóvil viejo, uno con más de doscientas mil millas recorridas. Hubiera podido comprar uno más nuevo, pero no lo hacía porque tenía miedo de que un día la policía lo detuviera y, dado que no tenía licencia de conducir, las autoridades se lo confiscasen. A dos de sus amigos les habían confiscado sus autos recientemente.

A pesar de todas las comodidades que disfrutaba en los Estados Unidos, Miguel siempre pensaba en regresar a Rosarito.

Un domingo, alrededor de las siete de la mañana, Jenny pasó a visitarlo.

Cada vez que Jenny iba a verlo, todo era risa y felicidad. A veces Jenny se quedaba con él una semana entera, pero luego dejaba de ir a verlo por dos o tres meses.

En esta ocasión, Jenny llegó un poco asustada. Le dijo a Miguel que transportaba a un joven desde la frontera hasta Los Ángeles, pero como había revisión de la *Migra* en Temecula esa noche, lo había enviado a caminar colina arriba, dándole instrucciones precisas sobre dónde lo estaría esperando cuando bajara la montaña. Jenny le explicó al joven por dónde subir la pendiente, describió el terreno y le indicó por dónde caminaría antes de encontrarse con ella nuevamente. Pero, aunque lo esperó más de un tiempo razonable, el joven nunca llegó.

Jenny no sabía lo que había sucedido, pero tuvo que abandonar el lugar donde estaba esperando porque era casi la hora en que los de la *Migra* iniciaban sus rondas matutinas.

—Si quieres, vamos a buscarlo, Jenny.

—¿Te atreves?

—Sí, vamos. Estoy fuera del trabajo hoy y mañana. No tengo nada más que hacer. Si quieres, vamos.

A poco, salieron hacia Temecula en el auto de Miguel. Condujeron durante aproximadamente una hora y media.

Cuando llegaron a una estación de servicio en la calle del camino vecinal número 79 de Temecula, Jenny le pidió a Miguel que esperara allí, mientras ella iba al lugar donde había acordado encontrarse con el joven. Miguel se quedó.

Jenny regresó después de cuarenta y cinco minutos. No había encontrado al joven, por lo que decidieron ir a buscarlo a un centro comercial ubicado sobre el camino 79. Fueron a una tienda WalMart, un lavado de coches y un restaurante mexicano.

Pero no lo encontraron.

Después de casi dos horas de buscar al joven, se dieron por vencidos y decidieron ir a comer y tomar algo en un restaurante-cervecería irlandés. Acompañaron la canasta de pescado y papas fritas que ordenaron para compartir con una jarra de cerveza Guinness de barril.

Después de la segunda jarra de cerveza, Miguel le pidió a Jenny, por enésima vez, que se casara con él.

Mirando a Miguel directamente a los ojos, Jenny le hizo una pregunta.

—¿Quieres que nos unamos en santo matrimonio? —Y se rió.

—Sí, Jenny, ¿cuántas veces quieres que te lo pregunte?

—*Ok*, *ok*, Mike. Si me amas..., si me quieres, vámonos a vivir juntos a Tijuana. Pero ahora mismo. Ahora, o nunca.

—Vámonos, Jenny. Aunque, recuerdo que en una ocasión me dijiste que salir de tu *clica* de Tijuana era difícil. ¿Por qué no nos vamos a Rosarito? Allí tengo casa propia y podrás ayudarme a abrir un negocio. ¿Qué dices?

—Rosarito, allá vamos. No hablemos más, Mike.

—*Hey*, y ¿qué hay de tu auto?

—Mira, no pongas excusas, es ahora o nunca, Mike. Mañana ya veremos qué podemos hacer con mi auto. Puedo volver a recobrarlo cualquier día y volver a Rosarito con lo que tú quieras que traiga de tu casa. ¿Estás listo?

—Bueno, vámonos, Jenny.

—Vámonos, entonces.

Condujeron durante una hora y media para llegar a la frontera. Una vez allí, antes de cruzar a México, Miguel llamó por teléfono a su trabajo y pidió hablar con el gerente. Miguel le dijo a su gerente que tenía una emergencia en México que lo obligó a partir, y le pidió que lo esperara dos semanas. El gerente dijo "está bien".

Jenny y Miguel cruzaron a Tijuana, México, sin encontrar ninguna dificultad. Al entrar a Tijuana, a Miguel le gustaron las nuevas estructuras metálicas construidas en el cruce y las nuevas instalaciones con las que México parecía dar la bienvenida a todos los viajeros. Pero no le gustó la presencia de soldados del ejército mexicano en el área.

Miguel y Jenny tomaron la autopista a Rosarito. Llegaron rápidamente. Miguel casi no reconocía la entrada a la ciudad. Pero el primer taller de llantas que encontraron, aquel en el que don Pedro había aprendido el oficio de *llantero*, todavía estaba en funcionamiento, en el mismo lugar.

Cuando llegaron a la casa de Miguel, él no la reconoció. En la parte de enfrente del edificio había un espacio tipo tienda con tres cortinas de acero cerradas y una puerta de hierro de acceso al patio al lado derecho. Miguel estacionó el auto y, junto con Jenny, fue a llamar a la puerta principal. Su padre abrió y, al ver a Miguel, se quedó sin palabras por un momento.

—Miguel, hijo mío, ¡qué placer verte! ¿Por qué no llamaste? ¡Te extrañamos mucho!

Y, gritando, el papá de Miguel dijo:

—Martha, mira quién está aquí. ¡No lo puedo creer!

Doña Martha, la madre de Miguel, corrió por el patio hasta que se encontró en los brazos de su amado hijo. Ambos se abrazaron y lloraron de alegría.

—Mamá, ella es Jenny, mi esposa.

—Mucho gusto, Jenny. Qué bueno que trajiste a mi hijo. Gracias. Pasen, deben estar cansados.

Una vez en la sala, Miguel se excusó y salió a buscar algo del auto para Jenny y condujo el vehículo al patio trasero.

La conversación del grupo continuó hasta bien entrada la noche, cuando el ruido de los autos disminuyó y el sonido de las olas del océano comenzó a acariciar los sentidos.

Dos meses después de su regreso a Rosarito, Miguel y Jenny tenían el restaurante Marisquería Ari listo para la apertura.

Sería un lugar donde servirían los mejores mariscos y donde se tocaría música en vivo todos los fines de semana.

El día de la inauguración del restaurante, los invitados eran familiares, amigos de Miguel y personas que lo habían conocido como coreógrafo de vals de algunas quinceañeras.

Jenny y Miguel daban la bienvenida a los invitados en la entrada principal del restaurante.

Después de agradecerles su asistencia, Jenny o Miguel acompañaban a los invitados a su mesa.

Cuando Ramón y Arisis llegaron, Miguel y Jenny les dieron la bienvenida. Ramón extendió su mano a Miguel y se saludaron.

—¿Cómo estás, Miguel? Estoy seguro de que ya no te acuerdas de mí. Soy Ramón. Mira, ella es Arisis, mi esposa. La conoces, ¿verdad?

Al momento, Miguel no sabía cómo contestar.

—Si, sí. Hola..., déjenme presentarles a Jenny, mi esposa.

—Es un placer conocerte, Jenny.

—Por favor, pasen. Tenemos una mesa reservada para ustedes —dijo Jenny.

En la mesa, Miguel y Jenny se sentaron frente a Ramón y Arisis.

—La verdad, Ramón…, no me acuerdo de ti.

—Ves, corazón, te lo dije, no iba a recordar que nos conocemos. Soy Ramón, el maestro mecánico del taller en la calle principal, ¿recuerdas? Un día viniste a pedir trabajo y te pusieron a ayudarme, pero no te gustó. No te gustaba ensuciarte las manos con grasa. Dijiste que como enseñabas bailes de salón, no querías llegar a tus ensayos con las manos sucias, ja, ja, ja. Solo duraste dos semanas con nosotros.

—Ah, sí, sí, ahora recuerdo, tú jugabas para Escualos. Y, ¿sabes que yo fui el coreógrafo del vals de Arisis en su fiesta de Quinceañera? Qué bueno que hayan venido. Gracias. ¿Qué puedo ofrecerles?

Ramón y Arisis pidieron algo para beber y comer. Mientras Miguel iba a por las bebidas, Jenny se quedó en la mesa hablando con Ramón y Arisis.

—Bueno, bueno —dijo Jenny cuando llegaron las bebidas—. ¡Salud! ¡Salud!

Y todos se unieron. "¡Salud! ¡Salud!"

Los cuatro amigos continuaron hablando durante mucho tiempo.

—Espero que de ahora en adelante nos veamos más a menudo, Ramón. Aquí vamos a abrir de miércoles a domingo. Los lunes o martes podríamos salir juntos. Tenemos que ponernos al día.

—Sí, Miguel. Si no es un día de práctica de fútbol, podemos ir a donde quieras.

—Bueno, nos reuniremos y decidiremos a dónde queremos ir todos. Déjenme ver cómo están los músicos. Les serviré algo bueno para que continúen deleitándonos con su son. Vuelvo enseguida.

—Y voy a ver qué ha pasado con sus platos. Ya vuelvo, Ramón, Arisis —agregó Jenny.

Cuando Jenny dejó la mesa, comenzó a pensar: "Marisquería Ari... Arisis. Ya entiendo. ¡Ja, ja, ja!"

Angélica se despierta con hambre

A la mañana siguiente, Angélica y Armando se levantaron temprano.

Vieron las noticias en Univisión TV y luego cambiaron el canal para ver las noticias en Telemundo.

Angélica dijo que tenía hambre y que quería ir al restaurante Denny's a desayunar.

Eran como las diez de la mañana.

Después del desayuno, salieron a caminar por Peck Road, hacia el norte.

Luego, volvieron al hotel para descansar.

Continuaron viendo la televisión.

Mayra llega al Motel 6 para recoger a Angélica

Eran las dos y cinco de la tarde cuando alguien llamó a la puerta de la habitación temporal de Angélica y Armando en el Motel 6.

Armando dio un salto tan fuerte que casi se cae de la cama. Angélica le dijo que se calmara y ella fue a abrir la puerta. Era Mayra.

—Buenas tardes.

—Buenas tardes, Mayra. Entre, por favor.

—No, no, dejé el auto mal estacionado. Será mejor que la espere abajo.

—Bueno, bajaré en un minuto.

—Sí, la espero.

Angélica cerró la puerta antes de dirigirse a Armando.

—Me llevo la ropa en esta bolsa de plástico. Te dejo la maleta. Quédate con el teléfono también, pero, tan pronto como puedas, compra uno bueno. Cuando llegue a la casa de mi madre, te llamaré para decirte cómo están los niños y para que los saludes. No sé si me dejarán entrar a nuestra casa para recoger mi ropa. No tengo nada que ponerme. Levántate, ponte activo, haz algo. El dinero que tienes se terminará. Debes volver a la vida o, bueno, tú sabrás lo que haces.

—Diles a los niños que volveré pronto, que no se preocupen por mí. Buena suerte.

Angélica salió de la habitación para encontrarse con Mayra.

—Bien, Mayra. Muchas gracias.

—Sí, sí. Cuando estaba en camino, noté mucho tráfico en la autopista. Tomaremos las calles de la ciudad para ir a la estación de autobuses.

Cuando salieron del estacionamiento, Mayra giró a la derecha hacia Valley Boulevard y tomó una arteria hacia el oeste en dirección a la estación de autobuses en East Los Ángeles.

Llegaron a la estación antes de las tres de la tarde y esperaron. Cuando llegó el autobús para El Paso, Angélica se despidió de Mayra, abordó y el autobús partió.

Mayra fue a buscar un vestido a un centro comercial cercano. Luego, antes de las cinco de la tarde, fue a recoger a su hijo a la guardería. Después, madre e hijo fueron a recoger al esposo de Mayra a su trabajo. Más tarde, la familia fue a cenar a Monterey Park antes de regresar a casa.

Eran aproximadamente las ocho de la noche cuando Mayra y su familia llegaron a su casa.

Estacionaron su coche y, cuando estaban a punto de entrar a su hogar, dos agentes de la DEA los interceptaron.

—Solo queremos hacerle unas preguntas, señora Mayra —dijo uno de los agentes mientras mostraba su identificación de la policía.

—¿Cómo sabe mi nombre, señor?

—Viajó usted en un autobús de la línea Limousine el sábado. Lo indagamos en las oficinas de esa compañía, hablamos con el operador y verificamos la lista de pasajeros. Sabemos que una señora llamada Angélica viajó a su lado desde Las Cruces hasta Los Ángeles, ¿no es así?

—Sí, y le diré lo poco que sé de ella.

—Sí, gracias, pero estamos más interesados en obtener información sobre el marido de la señora Angélica.

Una vez dentro de la casa:

—Bueno, mire, llevé a Angélica a la estación de autobuses a eso de las tres de la tarde. La había recogido del Motel 6, el que está sobre la calle Peck Road, a eso de las dos de la tarde. Su esposo se quedó allí, en el hotel.

—¿Sabe usted si el señor portaba alguna arma?

—La verdad es que ni lo vi. Llegué, llamé a la puerta, Angélica abrió y le dije que la estaría esperando en mi auto. Después, ella bajó y nos fuimos.

—Gracias, señora. Tenemos muchas más preguntas, pero debemos irnos ahora mismo. Por favor, evite salir esta noche, pues es posible que volvamos más tarde para hablar con usted; de lo contrario, estaremos aquí mañana. Aproximadamente, ¿a qué hora podemos encontrarla aquí, mañana?

—Entre las once y las cuatro, cuando ustedes quieran.

—¿Recuerda usted el número de la habitación donde se quedó el señor García?

—Sí, era el cuarto 214.

Los agentes salieron y llamaron a la oficina central de operaciones para solicitar la llegada de refuerzos de la policía uniformada, que patrullaban cerca de la esquina de Peck Road y Valley Boulevard, en El Monte.

Cuando las fuerzas de policía entraron en el estacionamiento del Motel 6, los dos agentes principales solicitaron cinco hombres uniformados, equipados con chalecos antibalas y cascos completos, para ir con ellos al cuarto 214.

Los dos agentes vestidos de civil los siguieron. Empujaron la puerta y la tiraron al suelo usando un ariete de acero macizo para irrumpir en la habitación. Pero el cuarto estaba vacío.

Buscaron en todas partes, pero todo lo que encontraron fue un teléfono celular barato. El historial del teléfono celular solo reveló una llamada a Ciudad Juárez y otra a El Monte, California.

Uno de los agentes fue a la oficina del motel, donde una joven respondió a sus preguntas.

—Yo entré a las tres de la tarde. Cuando hicimos la transferencia de responsabilidades, mi compañera me dijo que estábamos al cincuenta por ciento de ocupación, y mire, aquí está: el *Room* 214 estaba pagado por una semana completa. No he visto a nadie salir de esa habitación, pero, usted sabe, no veo a todas las personas que entran o salen de aquí. Lo siento.

El agente agradeció a la recepcionista la información, salió, pidió a las patrullas policiales que despejaran el área y ordenó a dos oficiales de la policía que vigilaran a todas las personas que entraban y salían del motel. Todos los involucrados en la operación tenían la fotografía de Armando García con ellos, como referencia.

Luego, el agente llamó al director de operaciones en El Paso. Proporcionó su informe y sugirió que otros agentes deberían estar esperando a Angélica en la terminal de autobuses de la Limousine en El Paso. Su superior confirmó que lo harían y que ella sería interrogada, pero indicó que la investigación preliminar no había revelado ninguna conexión entre Angélica y la serie de crímenes cometidos por su esposo, por lo que no sería detenida.

Angélica llega a El Paso y cruza a Ciudad Juárez

Cuando Angélica llegó a El Paso, un par de agentes de la DEA la estaban esperando.

Lo único que obtuvieron de ella fue el número de teléfono de Armando.

Uno de ellos llamó a ese número y escuchó un mensaje que decía: "El número que marcó no está en servicio en este momento, por favor..."

—Hasta este momento —le dijo uno de los agentes a Angélica—, no hay cargos en su contra. Estamos trabajando con nuestros colegas de Juárez. Les diremos que estamos hablando con usted y que irá directamente a la casa de su madre.

—Sí, voy para allá, señor.

—Bueno, coopere con nosotros y todo saldrá bien.

—Sí, todo lo que sé, se lo diré: él se quedó en el motel. Ni siquiera quiso acompañarme a la estación de autobuses. Se quedó allí. No sé nada más.

—Aquí está mi tarjeta. Tiene mi número de teléfono de aquí y el de la oficina en Juárez. Si por alguna razón cambia usted de dirección, llámeme. Si se va sin avisarnos, podríamos presentar cargos en su contra; la buscaríamos y, bueno, usted entiende.

—Sí, señor. No tengo que salir de la casa de mi madre. Pero si por alguna razón nos mudamos, se lo haría saber, no se preocupe.

Los agentes se dieron la vuelta y Angélica salió de la terminal de autobuses. Primero, trató de orientarse porque nunca había estado en esa parte de la ciudad. Una vez orientada, caminó hacia el Puente Libre, por donde había cruzado a los Estados Unidos el sábado anterior. Al llegar a territorio mexicano, tomó un taxi hasta la casa de su madre.

Al llegar, sus padres y sus hijos la recibieron con alegría, pero también hubo lágrimas tristes.

Los niños no habían ido a la escuela.

Angélica y su familia pasaron el resto del día tratando de encontrar soluciones a su nueva situación de vida. Hablaron sobre cómo dormirían los tres menores en una habitación individual y a qué escuela asistirían, dónde dormiría Angélica y cuándo podrían ir a comprar ropa; además, ¿qué haría Angélica para tener un ingreso periódico?

Por supuesto, también hablaron sobre Armando. Sin embargo, cuando se trataba el tema, Angélica siempre era muy delicada cuando hablaba frente a sus hijos. Repetía que su padre volvería a casa en cuanto todo se aclarara.

Ronda, la mayor, hacía preguntas con insistencia. Había leído los periódicos de Ciudad Juárez y veía las noticias en la televisión; todos los informativos señalaban a su padre como el culpable de más de una docena de crímenes. Ronda le preguntó a su madre cuánto tiempo estaría Armando en prisión en caso de que lo arrestaran, y dónde estaría mejor cuando fuera capturado, si en México o en los Estados Unidos.

Angélica era mucho más abierta cuando hablaba con sus padres. Les dijo que desde unos meses atrás sospechaba que algo andaba mal con los asuntos de Armando y que una noche había encontrado evidencias que lo comprometían, pero prefirió asumir que su esposo era inocente. También reconoció que, en ese momento, podía entender ciertas cosas, como el hecho de que Makila S.A. hubiese crecido tanto y tan rápido.

—Cuando Makila comenzó sus actividades, era como una *operación de mamá y papá*, que solo contaba con una pequeña tienda de accesorios en el centro de compras, pero ahora es una de las más grandes maquiladoras del complejo industrial en Ciudad Juárez. Y todo, ¿para qué? La casa, la compró en efectivo. No dije ni pregunté nada. Preferí pensar que todo era el resultado de su excepcional esfuerzo profesional y su habilidad para los negocios. Ahora no sé qué va a pasar.

El narrador habla con su amigo escritor

Enrique estaba a punto de comenzar a leer lo que había escrito el veintiuno de agosto; pero, en ese momento, escuchó la voz de su narrador: "No seré yo quien se entrometa en tus asuntos, Enrique, pero debes considerar incluir el texto que escribiste el veintiuno de agosto, aquí mismo. Piénsalo, por favor".

Leyó su relato de ese día y luego lo insertó.

> Hoy tuve dos reuniones de trabajo con clientes del pasado que necesitaban servicios del presente. Entre ambas reuniones contaba con suficiente tiempo para disfrutar de un almuerzo tardío y para llevar mi coche a lavar. El almuerzo fue en un restaurante de comida rápida y el baño al auto en un lugar donde nunca había puesto un pie.

Cuando llegué al lavado de autos, avisté a un joven que, por alguna razón, pensé que había visto antes.

Él no se fijó en mí; se enfocó en su trabajo.

Le entregué las llaves de mi viejo Toyota y me dio una factura para pagar y continuó sus actividades. Condujo mi auto a un túnel de lluvia automática, mientras yo entraba al edificio a pagar por el servicio.

A lo lejos, pude observar cómo mi viejo Toyota se deslizaba a través de aquel túnel de amor, que lo acariciaba con lienzos de tela colorida y lo refrescaba con aguas cristalinas.

A mitad de ese baño, mi viejo Toyota se veía mejor que antes de entrar a ese túnel de nueva vida. Al salir del túnel, el asistente de lavado estaba esperando mi auto.

Yo seguía pensando que había visto a ese joven antes, que lo conocía.

Desde lejos, observé al joven trabajador y, con mi imaginación, le quité la gorra de béisbol que cubría su cabeza para luego colocarle un elegante sombrero alado y un atuendo dominical. Le cambié los zapatos deportivos que calzaba y le puse zapatos de vestir negros. Y cambié su camisa medio húmeda por una blanca, limpia y seca. Además, puse una guitarra en sus brazos. Él se puso a tocar la guitarra con una habilidad profesional y un afecto personal, diciendo: "Qué lejos estoy del cielo donde he nacido...".

Después de un rato, el joven levantó la mano como señal de haber terminado el trabajo. Yo dejé de imaginar, salí de la sala de espera, me acerqué a él con la factura pagada e intercambiamos las llaves de mi auto por una propina.

—¿Eres de Oaxaca? —me atreví a preguntar.

—Sí, ¿cómo lo supo?

—Mi padre nació en un pequeño pueblo de la Mixteca Alta.

—Bueno, yo también vengo de allí. Soy de Tlaxiaco.

—¡Eso es bueno!

Estreché su mano; quise besarlo, pero no lo hice, y ahora lo lamento. Perdí la oportunidad.

En honor a mi padre,
Esteban Herrera Palacios,
quien nació en la Mixteca Alta, Oaxaca,
y vive en mi corazón.

California, 21 de agosto.

Esta historia provocó que Enrique pensara en la posibilidad de que el lujoso anillo perteneciera al joven asistente de lavado de autos que ese día de agosto le había recordado a su padre. Fue inmediatamente a su oficina, tomó el anillo de diamantes y se dirigió, a toda prisa, al lavado de autos. Llevaba el anillo envuelto en un pequeño lienzo de tela de lino blanco.

Después de una hora y media de conducción, Enrique llegó al lavado de autos en La Habra, California. Tan pronto como entró en el área de estacionamiento del lugar, vio al joven de la Mixteca Alta. Estaba recibiendo vehículos.

Enrique estacionó su auto y se acercó al joven.

—Buenos días.

—Hola, buenos días, señor, ¿no quiere que lavemos su auto hoy?

—No, no, lo que pasa es...

Enrique comenzó a contarle la historia.

—Ay, ay, ay. No lo puedo creer. Me acordé de usted. Me di cuenta de que el día que vino, me preguntó acerca de mi ciudad natal.

—Sí, lo recuerdo.

—Bueno, después de que se fuera usted, me volví loco por no poder encontrar..., ¿qué puedo decirle?

—Perdiste algo en mi auto.

—Sí, señor, ¿cómo lo supo?

—Bueno, tú fuiste el único que había estado dentro de mi auto, en esos días. Le pregunté a todos en mi familia si habían perdido un anillo y dijeron que no. Luego, después de un tiempo, pensé que podrías ser tú el dueño de esta preciosa joya. Por eso vine, para devolvértelo. Aquí lo tienes.

El joven tomó el anillo en sus manos.

—¡Muchísimas gracias, señor! Sí, sí, ya está. No lo puedo creer, señor.

—Créelo. Me gustaría saber qué va a pasar después.

—Déjeme ver, un momento, por favor.

El lavacoches dio media vuelta para llamar a uno de sus compañeros de trabajo.

—Sergio, por favor, recibe los autos, ¿sí?

—Por supuesto, sí.

Después, el asistente de lavado de autos volvió a su conversación con Enrique.

—Bueno, sí, señor. Lo que sucedió es que esa mañana llegué con ganas de darle este anillo a mi novia. Ella es la cajera de aquí. Yo iba a esperar hasta que estuviéramos fuera del horario de trabajo, pero uno de mis colegas me vio abrir el estuchito del anillo y quiso admirar la joya y, como él pasó la voz, todos los demás *compas* querían verlo. Yo no quería estar sacando y metiendo el anillo en la cajita aterciopelada, por eso me lo puse en el dedo meñique, aquí, en la segunda partecita pequeña de mi dedo, y creo que lo perdí cuando pasé la aspiradora por el piso de su auto. Yo siempre doy golpes sobre las alfombras con la boca de plástico de la aspiradora, y luego también lo hago con mi mano desnuda. Siempre con energía, ya sabe. Tal vez, con uno de esos golpes, el anillo salió de su lugar y no me di cuenta.

—Bueno, qué bueno que te encontré y que hayas recuperado tu bella prenda. Y ahora, ¿qué vas a hacer?

—No, bueno, mi novia y yo ya estamos viviendo juntos. Ese día le dije que lo había perdido. Le mostré el recibo de efectivo de la joyería, pero ella dijo que no era necesario, que confiaba en mí; y poco después nos juntamos.

—Bueno, ahora ella va a obtener su anillo. Mi coche no necesita el servicio hoy, pero uno de estos días, estaré de vuelta.

—Si quiere, puedo detallar su coche, gratis, ahora mismo. O si no, lo haré cuando regrese. El servicio será gratuito.

—No será necesario, pero gracias por la oferta. Si tienes un minuto más, déjame decirte que me quedé observándote ese día porque te pareces a mi padre cuando era joven.

—Uy, qué honor.

Enrique extendió su mano para despedirse.

—Enrique Herrera, es un placer conocerte.

—Un placer. Onésimo Palacios, a su orden. Vuelva pronto.

—Sí, uno de estos días nos volveremos a ver.

ESTA HISTORIA TERMINA
DE LA SIGUIENTE MANERA

El paradero del ingeniero Armando García

Sobre el ingeniero García nadie sabe nada. Parece como si la tierra se lo hubiera tragado.

Tanto la DEA en los Estados Unidos como las autoridades federales en México han tratado de encontrarlo, a ambos lados de la frontera, pero sin éxito. Diferentes grupos de policía en Ciudad Juárez siguen entrevistando a los trabajadores de Makila S.A. y a los familiares y amigos del ingeniero García y de Angélica, pero nadie les ha dado una pista útil para encontrar a Armando.

Por su parte, los agentes de la DEA continúan trabajando en el caso. Han encarcelado a todos los demás involucrados, tanto en El Paso como en Los Ángeles, y han vuelto a interrogar a todas aquellas personas con las que Angélica y Armando tuvieron contacto durante su viaje por Estados Unidos: el operador del autobús Limousina, la señora Mayra, la recepcionista del hotel, el empleado de Verizon, las recepcionistas del motel 6 y el personal del restaurante Denny's.

Angélica Andrade

Angélica lleva una vida tranquila al lado de sus padres e hijos.

No ha tenido noticias de su esposo y, a veces, piensa que es mejor.

Algunos amigos le han extendido la mano y siempre le ofrecen ayuda.

Mario, su fisicoculturista y entrenador, le consiguió un empleo en el gimnasio donde él trabaja. Ahora Angélica es su asistente.

De vez en cuando, Angélica y Mario salen a comer y a pasar el tiempo juntos.

La situación en la casa de los padres de Angélica ha mejorado gracias a la cooperación de todos. Las dos señoritas duermen con su madre en una habitación y Sammy lo hace en el sofá, en la sala de estar.

Las autoridades no han permitido que Angélica saque nada de su antigua residencia. Poco a poco, ha comprado ropa nueva y zapatos para todos. Sus padres la ayudan en todo lo que pueden.

Los niños García son quienes han sentido más los cambios en su entorno social. No les gusta ir a la escuela pública porque dicen que los maestros allí no son tan buenos como los del Instituto Franklin, se quejan de que las aulas se encuentran en condiciones de mantenimiento precarias y ven que el número de estudiantes por aula es excesivo.

Además, los maestros a veces llegan tarde o no se presentan, y sienten que las escuelas públicas no enseñan bien el inglés porque la mayoría de ellas carece de maestros bien preparados y de materiales didácticos.

Lamentan que las escuelas públicas no tengan servicio de autobús y consideran que casi todo en ellas es caótico.

Lo único que les gusta de las escuelas públicas es que no tienen que usar uniforme. Pero lo que más les disgusta es que, desde los primeros días, sus compañeros de clase los llaman con apodos: Ronda es La Redonda, Brandy es La Güera y Sammy es El Mamy.

El licenciado Romero

La última persona que tuvo contacto con el licenciado Romero, el contador de Makila S.A., fue el operador de la línea Transportes Chihuahuenses, que lo recogió en la carretera Panamericana, al extremo sureste de Ciudad Juárez.

Cuando la policía interrogó a este operador, declaró lo siguiente:

—Recuerdo donde lo recogí. Me dijo que iba a Chihuahua, pero yo no me di cuenta de dónde se bajó. Cuando abordó el autobús, quería pagar la tarifa con un billete de alta denominación, pero luego se bajó, sin ni siquiera pagar.

Los agentes continúan visitando y haciendo preguntas a la esposa del señor Romero, constantemente.

Pero ella jura que no ha sabido nada de él.

Los familiares del señor Romero, en Villa Ahumada, sostienen que no habían tenido noticias suyas durante años, pero lo han visto en las portadas del periódico y en los noticieros de la televisión. Todos ellos afirman a la policía que quieren cooperar para encontrarlo y que ayudarán a su captura.

Jenny y Miguel

Tres meses después de su llegada a Rosarito, Miguel y Jenny se unieron en matrimonio civil.

Como ya habían establecido una gran amistad con Ramón y Arisis, estos fueron los testigos de la unión legal ante un juez, que llegó a la Marisquería Ari para la boda. Ese día, siendo lunes, el restaurante permaneció cerrado al público. Invitaron solo a un pequeño grupo de familiares y amigos cercanos.

Todos los invitados llegaron con hermosos regalos para los recién casados.

Marisquería Ari sigue siendo uno de los negocios más prósperos en Rosarito. Los platos que sirven son deliciosos y los grupos de música que llegan a alegrar el ambiente los fines de semana siempre tienen buen ritmo y una alta calidad artística.

Jenny todavía es parte de la *clica* de Tijuana. Continúa haciendo viajes a cualquier parte de los Estados Unidos, pero ahora partiendo desde Temecula, donde Joe, su contacto en Fallbrook, ayuda a las personas a evadir las patrullas de la *Migra* hasta llegar a un lugar donde Jenny espera: una estación fuera de servicio, sobre una carretera semioculta y cercana, en las áreas rurales de Temecula.

Cada vez que Jenny viaja al área de Los Ángeles, trata de pasar por la casa de Miguel en El Monte a echarle un vistazo. Miguel cree que regresarán a vivir a El Monte tan pronto como obtenga su estatus de extranjero con residencia permanente.

Jenny contrató a un abogado de inmigración en cuanto obtuvieron una copia de su certificado de matrimonio.

El abogado redactó los documentos para que Miguel obtenga su autorización legal para ingresar a los Estados Unidos como extranjero residente permanente. Este abogado es uno de los especialistas más eficientes en temas de inmigración en California.

Arisis y Ramón

Ramón continúa dedicando la mayor parte de su tiempo libre al fútbol, ya sea entrenando a sus equipos, jugando o viendo los juegos de su escuadra favorita, los Xolos de Tijuana, por televisión.

A veces lleva a toda la familia al estadio de Tijuana para ver un partido en vivo.

Miguel y Jenny, en ocasiones, van con Ramón y Arisis al estadio Caliente.

Arisis continúa brindando lo mejor para su familia: cuida de forma excepcional a Ramón y, ahora, siente que siempre lo ha amado, pero nunca tanto como lo hace en la actualidad.

Muchas veces, incluso si es muy tarde durante la noche, Arisis invita a Ramón a sentarse a su lado al borde de la cama. Ahí, lo abraza con ternura y le pide que escuche las suaves melodías que emanan del eco de las olas del océano, lo que le hace sentir el hombre más feliz del mundo.

Juanito y Anita

Tres semanas después de que Juanito regresase a casa, Anita dio a luz a una hermosa niña que pesaba poco más de tres kilos. El embarazo había durado nueve meses y dos días. El parto fue sencillo y madre e hija regresaron a casa al tercer día, después de que Clarita viese la luz por primera vez.

Para entonces, la madre de Juanito era la mujer más feliz del mundo y se hizo cargo del cuidado de ambas, Anita y Clarita.

Las vacaciones de Navidad de ese año fueron más alegres con la presencia de Clarita, pero a principios del año siguiente Juanito comenzó a planear su regreso a los Estados Unidos.

El dieciséis de enero fue sábado; por eso, el lunes por la mañana, dieciocho de enero, Juanito fue a las oficinas del gobierno de Puebla, ubicadas junto a la catedral católica de esa ciudad. Una vez allí, preguntó por la señorita Amanda Buendía. La persona que asistió a Juanito lo envió a la Oficina de Asuntos Migratorios.

Cuando Juanito llegó allí, notó que la fila de espera, aunque bastante larga, se movía a buen ritmo. Mientras esperaba, vio a muchas personas salir felices de las oficinas, con documentos en sus manos, pero también vio salir personas con cara triste, *sin papeles*.

Preparó toda su documentación para tenerla a mano. Cirilo le había dado la lista completa de todos los documentos necesarios.

Pronto, se presentó frente a la recepcionista, dio su nombre y dijo que estaba allí para ver a la señorita Buendía.

En respuesta, recibió una pregunta.

—¿Trajo todos sus documentos, señor?

—Sí, *Miss*, aquí están.

La recepcionista revisó los documentos y confirmó que todo estaba en orden, pero también dijo que, en ese momento, la señorita Buendía estaba muy ocupada. La recepcionista le pidió a Juanito que dejara los documentos y regresara la semana siguiente.

Juanito estaba a punto de darse la vuelta y marcharse, pero, en cambio, dijo:

—Olvidé decirle, *Miss*, que soy de la cuadrilla del señor Cirilo, el contratista de McAllen. Él le ha enviado un regalo a la señorita Buendía. Me gustaría dárselo y, como dijo usted, yo volvería la próxima semana.

—Espere un segundo, señor.

La recepcionista se levantó y caminó hacia una oficina privada adyacente.

Mientras tanto, Juanito puso un fajo de billetes de dólar de alta denominación dentro de un sobre blanco tamaño carta y esperó.

—Disculpe, señor —dijo la recepcionista a su regreso—, la señorita Buendía sigue muy ocupada. Ella me dijo que, si lo desea, puede dejar sus documentos y el regalo que le trae del señor Cirilo. Revisaremos su documentación y, si todo está en orden, mañana, después de las once de la mañana, puede usted volver a recoger todo.

—Sí, por supuesto, *Miss*. Mire, aquí le doy todos los documentos y el regalo que don Cirilo envió.

El martes, a las once en punto, Juanito regresó a la Oficina de Asuntos Migratorios.

Había mucha gente.

Juanito se paró frente al escritorio de la recepcionista, quien estaba revisando documentos y ayudando a otro joven.

Pero cuando se dio cuenta de la presencia de Juanito, lo saludó.

—Buenos días, señor Roca. Un momento, por favor.

Ella dejó los documentos que estaba revisando y entró a la oficina privada adyacente. Luego, regresó y se dirigió a Juanito.

—Lo siento mucho, señor Roca, pero la señorita Buendía está muy ocupada. Ella me dijo que todo estaba bien y que le había otorgado el permiso de trabajo. Espere unos momentos y, tan pronto como termine de revisar estos documentos, lo asistiré.

—Sí, señorita. Aquí espero.

Después de unos veinticinco minutos, Juanito salió sonriendo de la Oficina de Asuntos Migratorios. Tenía un permiso de trabajo tipo H-2A emitido por el Departamento de Trabajo de los Estados Unidos.

El tercer lunes de febrero, Juanito emprendió el viaje de regreso a los Estados Unidos.

Su madre, su esposa e hija, sus hermanas y su maestra, la maestra Clara Mendieta, fueron a despedirse de él a la terminal de autobuses.

Con lágrimas en los ojos, Juanito pidió a Anita que cuidara bien de Clarita, que le diera mucho amor, y les pidió a sus hermanas que no dejaran de atender y cuidar a su madre.

Juanito le dijo a su madre:

—Estaré allá unos siete meses, madre. Te llamaré a menudo. Enviaré las remesas a nombre de Anita. Ella sabe que es para toda nuestra familia. Muchas gracias por amar a Clarita y Anita, mamá. Las dejo a tus órdenes. Y no olvides cuidarte. No te descuides, por favor.

La maestra Clara fue la última persona con la que Juanito habló antes de abordar el autobús.

—Maestra, muchas gracias por todo. Gracias por darle su nombre a mi Clarita. Espero que se vuelva tan inteligente como usted.

Juanito se subió al autobús.

El autobús salió de la terminal lentamente.

Enrique Herrera termina de escribir

Era un domingo soleado cuando mi amigo Enrique Herrera terminó de escribir esta historia. Después de releer el manuscrito, se dio cuenta de que la versión final no resultó ser lo que él había planeado aquel sábado por la mañana antes de comenzar el proyecto.

El narrador termina de narrar

Cuando leí por última vez lo que estaba a punto de terminar de narrar, pensé que los personajes de esta novela usaron a mi querido amigo para contar sus propias historias. Pero ¿qué sé yo?

Lo bueno fue que Enrique quedó satisfecho con su esfuerzo.

Él sonrió al colocar el punto final.

Luego, salió de su casa, se metió en el viejo Toyota, que estaba estacionado frente al garaje, y partió.

Creo que iba en busca de otras historias que trasciendan fronteras. Pero me di cuenta de que no llevaba ni lápiz ni papel.